孙昌武文集

8

中国佛教文化

中华书局

图书在版编目(CIP)数据

中国佛教文化/孙昌武著. —北京:中华书局,2019.7(2024.11
重印)
　(孙昌武文集)
　ISBN 978-7-101-13631-9

　Ⅰ.中… Ⅱ.孙… Ⅲ.佛教-宗教文化-中国 Ⅳ.B948

中国版本图书馆 CIP 数据核字(2018)第 284305 号

书　　　名	中国佛教文化
著　　　者	孙昌武
丛 书 名	孙昌武文集
责任编辑	葛洪春
责任印制	管　斌
出版发行	中华书局
	(北京市丰台区太平桥西里 38 号　100073)
	http://www.zhbc.com.cn
	E-mail:zhbc@zhbc.com.cn
印　　　刷	北京建宏印刷有限公司
版　　　次	2019 年 7 月第 1 版
	2024 年 11 月第 2 次印刷
规　　　格	开本/920×1250 毫米　1/32
	印张 6½　插页 2　字数 150 千字
国际书号	ISBN 978-7-101-13631-9
定　　　价	54.00 元

孙昌武文集

出版说明

　　孙昌武先生，一九三七年生，辽宁省营口市人。南开大学教授，曾在亚欧和中国港台地区多所大学担任教职和从事研究工作。

　　孙先生治学集中在两个领域：中国古典文学和中国宗教文化。孙先生学术视野广阔，熟谙传统典籍和佛、道二藏，勤于著述，多有建树，形成鲜明的学术特色。所著《柳宗元传论》(人民文学出版社，1982)、《佛教与中国文学》(上海人民出版社，1988)、《道教与唐代文学》(人民文学出版社，2001)、《中国佛教文化史》(中华书局，2010)、《禅宗十五讲》(中华书局，2017)等推进了相关学术领域研究，在国内外广有影响；作为近几十年来中国传统文化研究成果，世所公认，垂范学林。

　　孙先生已年逾八秩。为总结并集中呈现孙先生学术成就，兹编辑出版《孙昌武文集》。文集收录孙先生已出版专著、论文集；另增加未曾出版的专著《文苑杂谈》、《解说观音》、《僧诗与诗僧》三种；孙先生在国内外学术刊物发表的论文未曾辑入论文集的，另编为若干集收入。孙先生整理的古籍、翻译的外国学者著作，不包括在本文集内。中华书局编辑部对文字重新进行了审核、校订，庶作为孙先生著作定本呈献给读者。

　　北京横山书院热心襄助文化公益事业，文集出版得其资助，谨致谢忱。

中华书局编辑部

二○一九年五月

目　录

引　论

一

　　佛教是世界三大宗教之一。在中国，它与道教并列，是一个流传久远而广泛的主要宗教。在自东汉以来近两千年的漫长历史时期里，佛教与佛教思想在中国广为传播，对中国人的社会生活、思想意识与文化学术产生了极其深远和复杂的影响。对这一历史现象进行批判地研究与总结，是清理历史遗产的一项重要任务，有着巨大的理论与实践意义。

　　佛教作为宗教，从根本上说，在哲学世界观上是唯心主义的，在认识方法上是独断主义和先验主义的，在人生伦理上是消极的。在今天，反对有神论、批判宗教唯心主义仍然是思想领域的重要任务。我们了解佛教、研究佛学，不可背离这一基本立场。当然，坚持这样的观点和立场，并不妨碍我们对于虔诚的宗教信徒给予应有的理解和尊重，也不能否认在我国现阶段宗教的积极作用。同时，正确认识宗教——包括佛教——的本质，更不意味着对它们在历史上的价值与作用采取一概否定的态度。

　　对宗教不可简单地取否定态度，主要是因为这是一种违反客观实际的、形而上学的观点和方法；用这种观点和方法对待宗教，理论上是错误的，实践中也不可能正确对待、解释和解决历史上和现实中宗教和涉及宗教的种种问题。宗教是社会组织实体，这种组织依据一定的意识形态即教义、教理把信众聚集起来，乃是社会生产力相对不发达、人们尚不能完全掌握自己命运时期的产物。事实是，人类在相当长的历史发展过程中，尽管具体国度、具体民族、具体时期的情形有所不同，但总是有相当一部分人生活在宗教组织之中，并且是用宗教的观念来认识世界和对待人生的。又尽管宗教职业者在人类总人口中只占少数，而在中国这样的国度里严格意义上的宗教信徒历来在全民中也只是少数，但宗教确实具有牢固的社会基础和深厚的思想基础，所发挥的社会作用又是相当巨大的。而就几个世界性的历史宗教而言，又都积累了历代信众在其生存的条件下取得的积极的、有价值的思想、认识成果，对于推动人类进步、历史发展做出了重大贡献。

具体到中国佛教，作为社会组织的僧团（僧伽）是由出家信徒自愿结合构成的。其成员有共同信仰（所谓"三宝"：佛，法，僧），遵循共同教义，持守共同戒律。在理念上，这是一种"方外"即社会统治体制之外的团体（当然，在中国大一统的专制体制之下，这只是一种主观理念），其终极追求、人生形态、思想观念、生活方式等等都不同于世俗世界。这种组织的成员出家修道，断绝情缘，不事生产，世界观、人生观是消极的，实践上违背世俗价值，又悖逆中土传统伦常。但是这种组织标榜超凡脱俗，追求解脱，轻视世俗权威和传统伦常，不论其观念和实践具有多少空想和虚伪的成分，但在中国历史中产生的影响又不全然是负面的，在一定条件下往往能够发挥批判、抵制、抗衡专制统治体制及其意识形态的作用。

佛教作为发展形态充分的宗教，是一个知识体系，是文化的载体。佛教教理、教义内容之系统、丰富，在世界诸多宗教中是特别突出的。佛教的教义、教理无疑是先验的，是所谓"颠倒了的世界观"，但其中又包含许多人类思想发展历史中取得的宝贵成果，具有许多有价值的内容，在形成的当时乃至后来对于推动社会进步和思想发展起过积极作用。印度佛教作为文化载体传播到中国，作为古代世界国家和民族间规模巨大的、成功的文化交流，输入了作为印度文化积累成果的佛教思想体系（当然还有佛教之外的文化资源）；另一方面，中国又有无数教内外杰出人士在本土思想、文化土壤上发展、丰富了这一体系，对于构建、发展中国思想、文化做出了重大贡献。例如佛教教义的核心也是判断佛教的标准的"三法印"——"诸行无常"、"诸法无我"、"寂静涅槃"，这些观念中包含这样的思想：宇宙间无论是人自身（人我）还是全部现象界（法我），都是"空"的。这种所谓"空"，不是中国道家讲的"无"，是指无论是人自身还是其所处的客观世界的一切都处在生、住、异、灭的流转变化之中，是无自性即没有固定的质的规定性的。历代的佛教大师对这些命题进行过各种各样的论证和说明，不管今天看来这些论证和说明有多少荒谬成分，都不能否定其中包含宝贵的辩证因素。这些观念对于中国"天不变，道亦不变"的形而上的思想传统提出有力的挑战和批判，对于推动中国思想发展发挥了积极作用。又如佛教伦理重要内容的慈悲观，同样，不管在实践中包含多少伪善成分，但是那种"万法平等"的博爱观念和"自度度人"的利他意识在人类伦理发展史上确是具有积极价值的。这样，佛教作为思想体系、知识系统，除了迷信、谬误的内容，又包含诸多有价值的思想内容。而从更广阔的视野看，这是人类充满谬误与曲折的漫长认识历史中的一部分，是这一过程中取得的具有真理内容的思想成果，是值得珍惜的思想遗产。

值得注意的是，在欧洲的中世纪，基督教曾经把所有科学部门统摄到自身统治之下，使它们成为宗教神学的奴仆。而在中国，由于固有的文化传统优秀、丰厚而牢固，佛教始终没有形成为思想文化领域的主导势力。不过佛教影响于社会以及文化、学术的许多方面却是鲜明而深刻的。这种影响特别突出地表现在哲学、伦理学、文学、语言学、艺术（美术、建筑）等方面。在某些历史时期佛教在社会政治和经济生活中也起过一定作用。佛教影响更深浸到人们的思想观念、风俗习惯以及感情之中。今天，我们研究中国传统文化，分析中华民族的传统文化素质，不能忽视佛教及其在这些方面的成绩。

从现实意义讲，宗教在一个相当长的历史时期内必然仍是社会生活中的一个重要的、活跃的因素。当今世界上不但有许多宗教和广大的宗教信徒，而且宗教观念、宗教感情更深浸到一般人的意识之中。在今日的中国，佛教与其他宗教一样，是爱国统一战线中的一支积极力量。广大佛教徒积极参加社会活动，正在为实现"四化"贡献力量。但关于社会主义制度下的宗教，仍有许多理论上的与实践上的问题值得研究。

基于以上几个方面的理由，有关宗教问题的学术研究应是社会科学亟待加强的领域。青年人特别是大学生、研究生对于佛教有个基本的了解，无论是作为思想修养，还是作为历史文化知识的储备，都是很必要的。对于学习文、史、哲、艺术诸学科的人，掌握这方面的基本知识尤为必要。

二

佛教有两千几百年的漫长历史。自从它在印度①创建，南传至斯里兰卡、泰国、缅甸、老挝、柬埔寨等地，北传经中亚到中国、朝

----

① 这里所谓"印度"，是约定俗成的说法，包括今印度共和国、尼泊尔、孟加拉国、巴基斯坦等印度次大陆地区。

鲜、日本，又一分支传到中国的西藏和中国西北部、蒙古国以及俄罗斯远东布里亚特族地区。在这漫长时期与广大地域内，佛教随着社会历史发展与民族生存环境变化，改变着自己的面貌，不断充实、发展，经过了原始佛教、部派佛教、大乘佛教等不同发展阶段，形成了南传佛教、北传佛教、藏传佛教三大体系，创建了许多部派、学派和宗派。这样，佛教的教义十分复杂，其中包含着许多不同以至相互矛盾的观点、观念和学说；影响于各时代、各民族的思想文化方面，更呈现出错综复杂的情形。因此，我们认识与对待佛教，不可取简单化的、形而上学的方法，特别是不要把世俗所见的礼佛斋僧和一般佛教徒说空有、求福佑当作是佛教的全部内容。

　　这里有以下几点是应当明确的。

　　首先，作为宗教，佛教具有一切宗教所共通的特征，那就是有教主作为崇拜的偶像，有教义作为信仰的教条，有在一定组织之中、执行一定戒律的群众作为信徒。这在佛教就是佛、法、僧"三宝"。但就这三者来说，佛教与其他宗教如基督教相比较，又有着明显的特殊性。由于这些特殊性，造成佛教在发展形态上的一系列特点。认识与研究佛教，把握这些特点就是十分重要的。拿作为教主的佛陀来说，就原始佛教的本来意义上讲他不像基督教的上帝那样是造物主、救世主。他只是一个"觉悟者"。他并没有也不能创造什么，而只是如实地觉悟到世界的"真实"；他也不能拯救世界，而只是用自己觉悟到的"真实"去教化民众。他是引导人们走入"正道"的导师，是救治世人疾患的"医王"。他没有基督那种"神之子"和"三位一体"的位格。因此，他对弟子与信众也没有"天赋"的、强制性的权威。人们信仰他，崇拜他，是把他当作一个模范，希望像他那样觉悟"真理"，达到和他一样的境界。后来佛教在发展中，佛陀逐渐被神圣化和偶像化，增加了神秘色彩和无数神通。特别是发展到大乘阶段，佛成了"神"，成为拯济力量。但那种反对偶像迷信的精神在整个佛教思想体系中一直起着作用。联系

这一点,被认为是佛所说教法的"经"和他为僧团制定行为规范的
"律",也没有《圣经》那样的天启的意义。佛生前作为导师,循循善
诱,对机说法,应病与药。他针对人生实际问题,表达了许多不同
看法。后来佛教徒总结出"依法不依人、依义不依语、依智不依识、
依了义经不依不了义经"的"四依"①原则,为人们开辟了根据自己
的理解来阐发教义的道路。这样,不仅出现了许多见解独到的大
论师,他们创造出歧义纷出、理论各异的"论",而且又制作出许多
新的"经",发展了佛陀本来的教义。因此,佛教的教义非常纷杂;
从另一方面看,则比较地开放与自由。就信教的徒众来说,佛陀在
世时已组织了僧团,包括比丘、比丘尼即男、女出家修道者;另有优
婆塞、优婆夷即男、女在家信徒,这是僧团的外护。这四者统称为
"四众"。但是,佛教徒包括出家的僧侣,并不是基督教的神职人
员,他们只是自我修行的人。而对于那些在家信徒,虽然也规定一
定的戒律约束,但并没有用如基督教那样的从出生施洗到临死终
傅等一系列宗教仪式把他们积极地组织起来。总之,佛教从其组
织结构到思想观念都较松散,具有较大的可塑性。这也表现在它
对"异教"和"异端"的态度上。佛教不赋予自身强制取缔"异教"与
"异端"的义务与权威。对于不同意见,它不使用基督教的"宗教裁
判"的方式,而是进行公开论辩。它对"异教"不绝对排斥。在印
度,佛教与印度教(婆罗门教)、耆那教等"外道"长期并存。在中
国,佛与儒、道并存,而佛教在三者中态度最为调和。在中国民众
中,佛陀信仰往往只是与道教的神仙,民俗信仰的灶王、土地、城
隍,"民族英雄"信仰如关帝等同样的多神信仰的一种。佛教在信
仰上比较松散与自主,在教义上比较开放与自由,在组织上不那么
严格,使它在发展中得以顺应形势而变化,保持了活力;但也妨碍
它形成教权专制力量,从而影响了它的强大与统一。

---

① 《大智度论》卷九。

其次，与前一点相联系，就是要区分佛教发展的不同阶段与不同形态。在印度，佛教自创始起经历过原始佛教、部派佛教和大乘佛教三个大的发展阶段（还有不同的分期方法）。部派佛教时期曾形成观点不同的约二十个部派，但后来仅有说一切有部等几个部派得到延续发展。大乘佛教中又先后形成了中观学派、瑜伽行学派以及密教。南传上座部佛教以巴利文经典为典据，基本保存了原始佛教与部派佛教的教义。北传佛教中的中国佛教，是佛教的一个特殊形态。佛教传入时期的中国，已是一个具有高度发达的文明的国家。特别是儒家思想经过长期发展，形成为适应中国专制主义统治体制的思想理论体系，占据了思想上的统治地位。新传入的佛教根本没有力量，也不可能取代它的地位。这样，中国人对佛教不是简单地接受，而是在中国传统文化基础之上批判地汲取。佛教只有适应中国的环境与条件加以改造，才能在中国民众中扎根。对中国人来说，接受佛教是汲取外来宗教以丰富自己的宗教与文化；在佛教方面，则必须发展为具有独特面貌的中国佛教。佛教在中国初传，主要是大乘般若学和部派佛教的禅数学。当时般若学依附于玄学而发展，禅数则被当成是神仙方术的一种。在进一步发展中，佛教与儒家思想以及中国本土宗教道教相靠拢、相调和一直是它存在与发展的前提和特征。在中国佛学史上，第一位摆脱对玄学的依附并发展出独具特色的大乘空观的是僧肇，第一个中国佛教宗派是智顗创建的天台宗，它们都有儒释调合的特点。例如大乘般若学讲"空"，是反对讲本体的，不但不承认有"我相、人相、众生相、寿者相"，而且"凡所有相，皆是虚妄"，因而不但我、法两空，"空"这个概念也是空的。但在僧肇那里，却利用了中国固有的本体论思想，把空与有的关系理解为体与用的关系，提出了"立处皆真"、"触事而真"的观念。在天台宗的学说里，真空与假有是圆融而为一体的。这已经是中国人的重实际、重本体的思想。又例如，正是在中国的有神论与报应观念的基础上，接受了印度佛教的轮回业报理论,形成了中国佛教的灵魂不死观念为基础的三世报应论。这也成为在中国民众间流传广远的净土信仰的主要内容之一。而中国式的灵魂不死、转生受报的观念在原始佛教中是不存在的。中国人对外来的佛教在中国的思想土壤之上加以理解与发挥,形成了中国佛教的学派与宗派。六朝时的各学派多以阐扬某一经、论为中心来树立新说,隋唐时期的各宗派则各有立宗典据、宗义体系和传承系统。各学派、宗派的理论观点有很大差异,甚至是完全对立的。后期的禅宗以至否定一切经教,标榜为"不立文字"的"教外别传"。我们研究佛教,要充分认识到它的复杂性,不可简单化地、笼统地作出判断。

再次,涉及到佛教影响于学术、文化的各个领域,也应当充分认识到十分复杂的情形,必须实事求是地进行分析。佛教本身就是一种文化现象,它包含着丰富的思想文化内容。它的传播要利用其他学术、文化为手段。它的影响也深浸到其他学术、文化领域之中。这种复杂的相互影响的关系,造成佛教在文化发展中的重要地位,产生了许多积极成果。对于佛教在思想文化上的成就与作用,应给予科学的、实事求是的说明与分析。佛教在思想文化上的贡献与它的宗教唯心主义本质以及它的保守、消极作用,应予明确地区别。以哲学史的范围为例,佛教哲学与佛教因明即佛家逻辑学都作出了重大成绩。在中国哲学史上,佛教哲学提出了许多新的观念与命题,特别是在辩证思维的发展、心性学说等方面,丰富了中国人的哲学思想,起过积极的作用。中国历史上不但有众多对中国哲学作出过贡献的佛教思想家,如僧肇、智𫖮、吉藏、法藏、慧能、神会、宗密等,还有如谢灵运、柳宗元、苏轼、王安石、李贽、龚自珍、谭嗣同、章太炎等许多卓越的思想家,他们都从佛教哲学汲取过思想资料。在文学艺术领域中,佛教的影响就更为深远。佛教直接影响到文人与艺术家的思想与生活,广及文艺观念、文艺创作的形式与内容等许多方面。例如丰富多彩的佛教艺术就丰富了中国艺术史的内容。没有佛画、佛像雕塑、佛教塔寺与石窟建筑，中国艺术史就失去了很大一部分光彩。因此，佛教文化本身是文化遗产的重要部分；佛教影响下所创造的思想文化成果不可忽视。当然，即使是珍贵的历史遗产，也不能全盘肯定，而要取批判分析的态度。

　　总之，对佛教这一复杂的历史文化现象的特点与复杂性要有充分认识。要从历史实际出发，详细占有材料，认真分析研究，才可能对有关问题作出科学的结论。

三

　　佛教是宗教，不是科学。但佛教研究却是一门科学。现代佛教学（或简称佛学）是社会科学的一个门类。它还可以分为一般佛教学、佛教史、佛教哲学、佛家逻辑（因明）、佛教伦理、佛教文学研究、佛教艺术研究等许多分支，并且是比较宗教学、宗教现象学、宗教人类学、宗教社会学等宗教科学的重要内容。这都构成社会科学研究的不可或缺的部分。

　　佛教在中国虽然流传久远，但把它当作一门科学的对象来研究还是近代的事。我们要把作为现代社会科学一个门类的佛学与历史上的佛教研究区别开来，可以把后者叫做旧佛学。历史上曾有过许多阐扬佛教教义的论著，以及僧史、僧传、佛典目录、佛教类书、辞书之类的著作。它们虽具有一定的学术价值，但那主要是附属于佛教本身的学术研究。这种研究主要是佛教信徒进行的。自隋、唐以来，中国的旧佛学又多从属于某一宗派的观点，这就更限制了它的客观性。把佛教作为社会科学对象来研究，是20世纪初在资产阶级启蒙思想影响下开始进行的，成绩卓著的有梁启超

（1873—1929，论文集《佛学研究十八篇》等）、胡适（1891—1962，《论禅宗史的纲领》、《神会和尚遗集》的校勘等）、陈垣（1880—1971，《释氏遗年录》、《明季滇黔佛教考》、《中国佛教史籍概论》等）、熊十力（1885—1968，《新唯识论》、《十力论学语要》、《佛家名相通释》等）、陈寅恪（1890—1969，收入《寒柳堂集》、《金明馆丛稿》初、二编中的论文）、汤用彤（1893—1964，《汉魏两晋南北朝佛教史》、《印度哲学史略》等）、吕澂（1896—1989，《吕澂佛学论著选集》）等人。佛教界的杨文会居士（1837—1911，《杨仁山居士遗著》）、欧阳竟无居士（1871—1943，《竟无内外学》二十六种）、丁福保居士（1874—1952，编有《佛学大辞典》等）、韩清净居士（1884—1949，《唯识三十颂诠句》、《因明入正理论科释》等）、圆瑛法师（1878—1953，《楞严经讲义》、《一吼堂文集》等）、太虚法师（1890—1947，《太虚法师全书》）等人在继续旧佛学的研究上亦有所贡献。

近代欧洲学者通过对巴利文和梵文佛典的研究，在佛教研究方面取得了长足的进步。19 世纪初，法国学者尤金·鲍诺夫（Eugène Burnouf，1801—1852，著《印度佛教史序说》）开创了研究印度佛教的新领域。接着，有德国学者弗里德利赫·缪勒（Friedrich Max Müller，1823—1900，主编《东方圣书》五十一卷）、英国学者爱德华·考威尔（Edward Byles Cowell，1826—1903，英译《佛所行赞》、《本生经》，校勘梵文原典《奥义书》等）、俄国学者伊万·米那耶夫（Иван Минаев，1840—1890，刊行巴利文原典《波罗提木叉》、《菩提行经》等）、英国学者李斯·戴维斯（Thomas William Rhys Davids，1843—1922，著有《巴利语佛经》、《印度佛教》等）、德国学者海曼·奥登堡（Hermann Oldenberg，1852—1920，英译《波罗提木叉》，著有《佛陀》等）等人，他们都是卓越的语言学者，广泛利用巴利文或梵文文献，为揭示佛教本来面貌的科学研究开辟了道路，作出了巨大成绩。20 世纪初，又有法国学者烈维（Sylvain Lévi，1863—1935，校勘佛经原典并译为法文，编辑法文《法宝义林》)进行梵、藏佛典的比较研究，苏联学者谢尔巴茨柯伊(Фёдор Ипполитович Щербатской，1866—1942)校勘多种梵、藏文原典，结合认识论、逻辑学进行跨学科研究，开创所谓"列宁格勒学派"。日本的佛教是中国传入的汉传佛教，依据的是汉文经典，它传入了中国的宗派佛教并创立一些新宗派。日本的旧佛学研究局限在宗派框子里。"明治维新"以后，随着西方学术传入日本，学术界开始接受西方佛学，从而打破了依据汉文经典进行宗派研究的旧格局。这一事业的先驱者是与我国学者有交谊的南条文雄(1849—1927，著有《大明三藏圣教目录》等)；后来有高楠顺次郎(1866—1945，《大正新修大藏经》主编者之一，并主编《南传大藏经》)，他们均曾从缪勒学梵文，为其门下高足。又有木村贤泰(1881—1930)曾从戴维斯研习印度哲学，特别是原始佛教；宇井伯寿(1882—1953)则是高楠顺次郎的弟子，亦曾留学德国，他们都对早期佛教的研究作出了巨大贡献。现仍健在的中村元是原始佛教研究方面成就突出的人物。另有一批佛教学者主要研究汉传佛教与汉译佛典。其中贡献巨大的有望月信亨(1869—1948)，主要研究净土宗，并编有著名的《望月佛教大辞典》；常盘大定(1870—1945)、境野黄洋(1871—1933)、冢本善隆(1898—1980)等人进行中国佛教史研究，著述都相当丰富；小野玄妙(1883—1939)进行了有关佛教学术的多方面研究，编著有十二卷本《佛书解说大辞典》等。直到今天，日本仍有一批学有素养的佛教学者，有众多的佛教学府与佛教学研究机构，在世界佛教研究中的许多方面居领先地位，其成果值得借鉴。

另外，自19世纪末叶以来，印度次大陆与中亚考古成绩斐然，给佛教研究提供了许多新资料。早在1356年，在印度就发现了著名的阿育王石刻铭文，到1837年终于被首次解读。此后在印度、尼泊尔、阿富汗各地陆续有发现，为研究早期佛教的历史提供了信实可靠的实物资料。在南亚、中亚各地还发现了许多佛教史迹和梵文经典。从 19 世纪末到 20 世纪初,俄、瑞典、英、德、法、日、美各国探险队和我国学者对我国西北和中亚进行了十几次考察,发现了许多石窟、壁画、雕刻和汉、藏文写卷及佛具等,以及印欧语系的吐火罗语、库车语、和阗语和阿尔泰语系的维吾尔语古写本。1899年我国敦煌莫高窟的发现更是中亚考古的伟大发现。有了这些材料,经过各国学者的广泛努力,佛教研究的许多方面又有所突破。

我国自 1949 年以来,在社会科学众多学科的配合之下,佛学研究也取得了一定的成绩。虽然受到过极"左"路线的干扰,仍有一批学者坚持进行认真的研究工作。这其中,已经卓有成就的老年学者如陈寅恪、汤用彤、吕澂等继续有所建树;任继愈、石峻等在中国佛教史的研究方面,季羡林、金克木等在中印文化交流史和佛教史方面,都做出了成绩;佛教内部的法尊法师在汉、藏佛典的对译方面也做出了新成果。"新时期"以来,宗教研究包括佛教学术研究出现了崭新局面:一批佛教研究的学术新秀在成长起来,全国已形成一支具有相当规模和水准的研究队伍;在科研机关和大学里已经建立起一批专门的研究机构,其中包括佛教内部的教学、研究机构;整理和出版了一批有关佛教的文献资料,其中包括正在编纂、出版的《中华大藏经》和敦煌写卷中的佛教资料;在文物、考古工作中,涉及佛教更取得了突出成绩,其中包括敦煌石窟及有关文献的保护、整理和研究;出版了一批宗教研究杂志和具有一定水平的佛教学术研究著作;举行了一系列学术会议;在佛教研究领域进行了广泛的国际学术交流,特别是中、日、韩三国间的交流,如此等等,我国的佛教学术研究正在进入一个空前繁荣的时期。特别应当指出的是,藏语系佛教的研究同样得到重视,并已取得了相当的成果。但也应当看到,由于我国宗教学术研究基础薄弱,许多方面的工作起步较晚,从对于宗教重大理论问题的认识到对于具体宗教现象的分析,从资料、文献的整理到对历史、现状诸方面的考察,都还存在许多问题,还不适应科学事业发展的要求,有待于研究水平的进一步提高。

　　限于作为知识性读物的性质与作者的水平,本书只能对佛教概貌及其对中国学术文化的影响作简单的描述。佛教义理艰深,名相繁复,加之学派、宗派不同,教理、概念更是歧义纷出,本书只能提纲举要,作一般的说明。在说明中表达力求准确、简洁和通俗。读者在读完本书后,如有意进行深入研究,可参照书后所附书目,进一步阅读有关论著。本书中错误与不足在所难免,请读者指正。

第一章　佛陀与佛教

一　佛陀的时代

佛教的创始人是古印度人释迦牟尼(Śākya-muni)，他被尊称为"佛陀"(Buddha)，在汉语里简称为"佛"。佛教就以他的这个尊号命名。从教义内容看，佛教是指佛陀指示教法的宗教；从修证目标看，也可理解为修习成佛的宗教。

佛陀的年代，已不可确考，现在异说很多。因为古印度没有编年史传统，关于佛陀也没有留下什么当时的确切文献记载。佛教文献中有许多关于教主佛陀的记述，但多是后来的夸饰不实之词；同时作为教主，重要的是他的言教与灵迹，他的世俗面目已有意无意被歪曲。根据现有的资料可以肯定：佛陀其人是确实存在过的，连他活了八十岁也被大家所肯定。但他的卒年即佛灭年代用不同的方法推算却众说纷纭。证据较充分的主要看法有三：一是印度和南传佛教的东南亚诸国定为公元前544年；二是根据北传史料定为公元前486年；三是根据南传资料，日本学者宇井伯寿、中村元等人分别定为公元前386或前383年等。由卒年上推八十年就是佛的生年即佛诞年。异说间相距百年以至近二百年时间不算短暂,但在古代社会发展比较缓慢的条件下,时间差距就不像今天我们感受得那么显著。另外如上所述,古印度没有编年史的传统,许多历史事件是以佛陀年代来推断的,所以,佛陀年代的不确切,对研究他本人并没有太大的影响。

恩格斯曾指出过:"历史上的伟大转折点有宗教变迁伴随,只是就迄今存在的三种世界宗教——佛教、基督教和伊斯兰教而言。"①佛陀的时代是印度古代政治上列国纷争、思想上百家争鸣的时期。佛教正是在时代的剧烈变动中诞生的。这个时代大体上相当于中国的春秋战国之际,在欧洲则是古希腊文明的发达期。人类不同地区的古代文明几乎在同一时期出现了发展的高峰,而不同文明的性质与重心却很不相同,这是历史学和文化人类学等科学中很有趣的研究课题。

近现代印度考古发掘已经证明,早在公元前四五千年,印度次大陆已存在发达的文明。但那里的原始居民是什么样子,文明发展的具体情况如何,已经难以确考。目前有文献记载的是发源于印度河上游,由西来的雅利安人创造的另一种文明。这种文明以对被称为《吠陀》的圣书信仰为特征,因此叫作"吠陀文明",它发达于公元前 1800 年到 1000 年之间。在这种文明中,称为"婆罗门"的司祭者代表了神权,它建立了以神权为中心的社会等级制度即种姓制度,把人分为婆罗门(祭司)、刹帝利(武士)、吠舍(农民和工商业者)、首陀罗(无技术的劳动者)四个种姓。这样,这种文明主要有三个特征,一是《吠陀》信仰;二是祭祀万能;三是婆罗门至上。后来把它叫作婆罗门教。这是一种特殊形态的宗教,它没有教主,也没有统一的教义与信仰对象。佛陀即出生在婆罗门文明的环境之中。

---

① 《路德维希·费尔巴哈和德国古典哲学的终结》,《马克思恩格斯选集》第四卷,人民出版社,1972 年,第 231 页。

　　建立了吠陀文明的雅利安人随着农业、手工业的发展,商品交换和贸易的发达,不断向东部与南部扩展势力,在中印度朱木拿河、恒河、萨达尼拉河流域平原以及南部德干高原建立起一批部族国家。这些国家有的采取共和制,有的是王国。到了佛陀时代,由于工商业进步,城市发展,部族国家纷纷解体而形成为以都市为中心的王国。在佛教记载中,佛教兴起以前就有所谓"十六大国";在佛陀时代,则有阿槃提(都城乌惹弥)、跋耆(都城侨赏弥)、拘萨罗(都城舍卫城)、摩揭陀(都城王舍城)四大王国。佛典上经常描写到当时城市经济的情况:城池广大,人烟稠密,物资充裕,交易繁荣。现代考古已发掘出一些古城遗址,如王舍城,城墙推测长六公里多,完全可以证实当年经济发达的情况。

　　佛陀出生在古印度伽毗罗卫(Kapilavastu)国,这是位于今尼泊尔南部提罗拉克特附近的一个小小的共和制部族国家。佛传上说他是净饭王之子。但当时所谓"王"并不是后来的专制国王,而只是共和政治下参政的贵族代表。"净饭"原文是"清的乳粥"的意思。净饭王有兄弟"白饭王"、"斛饭王"、"甘露饭王",可知他的国家是以农业立国的。这个国家不论在政治地位上和军事上都很弱小,处在大国夹恃之中,东南方是强大的摩揭陀国,它只好隶属于西方的另一大国拘萨罗求庇护。当时大国纷争,兼并连年。例如摩揭陀国王频毗沙罗比佛陀小五岁,他曾征服了按卡国,在佛陀生前,迦毗罗卫国终于灭于拘萨罗国。佛陀作为一个弱国统治阶层中的一个敏感聪慧的青年,在社会大动荡中意识到一种迫切的危机感和无常感,他要寻求危机矛盾的解脱之路,完全是合乎情理的。

　　社会的变动使婆罗门的神权统治受到了挑战。一方面,刹帝利阶层作为世俗权力的代表者与婆罗门的神权的矛盾逐步尖锐化;另一方面则出现了有势力的商人阶层。后一种人称为"长者",商业和手工业的发展大大扩张了他们的势力。在佛典上记载的支持佛陀活动、向他奉献精舍的主要是这些人。佛的弟子之一富楼那就是从事贸易的长者,他生于印度西海岸苏波罗哥村,据传曾七次浮海经商,以经营牛头旃檀成为长者。顺便提一句,贸易的发达也是后来佛教得以传播的客观条件之一。在古代,宗教传播常伴随贸易进行。

新的社会力量形成要求突破婆罗门统治的思想力量。在佛陀活动的同时期,社会上出现许多"沙门"思想家。"沙门"一语后来专门用来称呼佛教僧侣,实际上是古印度出家者的通称。一个婆罗门的生活都要经过学徒、家主、隐士、沙门四个时期。许多沙门思想家正是从婆罗门种姓中分化而来的。这些人的共同特征是不承认《吠陀》权威,反对祭祀天启,他们是自由游行者,不以特定种姓和阶级为宣传对象。他们对抗婆罗门的神学教条,而以解决个人的人生问题作为理论探讨的出发点。佛书上有"六十二异见",又常提到"六师外道",实际就是当时沙门思想家中主要的六个派别。"六师外道"按照代表者的名字是:阿耆多·翅舍钦婆罗(Ajita Keśakambala),他是朴素的唯物主义者,否认因果报应,主"断灭论",是后世"顺世论"的先驱;尼乾陀·若提子(Nigaṇṭha Nāṭaputta),又称"大雄",是耆那教的创始人;波浮陀·迦旃那(Pakudha Kaccāyana),主张"常见",承认人身由七元素构成,是一种实在论;富兰那·迦叶(Pūraṇa Kāśyapa),主张"非业",无因无缘,是一种道德否定论;末迦梨·俱舍梨子(Maskārī Gosāliputra),主张"轮回净化",是一种心物二元论和宿命论;删阇夜·毗罗尼子(Sañjaya Vaivaṭiputra),主张不可知论。"六师"学说互相斗争,充分表明了当时思想界的活跃。《长阿含经》中的《沙门果经》写到阿阇世王访问"六师外道",正表明了他们在社会上的影响。

佛陀的同时代人常称他为"沙门释子"、"沙门乔达摩",表明他不过是当时众多的沙门思想家中的一人而已。他的高足舍利弗和目犍连曾师事过删阇夜·毗罗尼子,后来才归附到他的门下。佛陀在动荡的时代与激烈的思想斗争中成长起来。他广泛吸取当时的各种知识与思想，经过学习、抉择、批判、汲取，形成了自己的思想体系，由一个沙门思想家成长为伟大的宗教家。

二　佛陀传记与传说

作为现实的人的佛陀，是位伟大的思想家、伦理学家和布道者。但正如他的生卒年月难以确定一样，他的一生行事也已不得其详。我们现在在佛典里，或在佛教遗迹的雕塑和绘画里，能看到完整地、充满了神异与夸张的佛传。但那只是后来佛教徒的传说。今人所写的佛陀传记，也多是这种传说佛传的加工而已。

大概是佛灭后，亲聆过他的言教的弟子们回忆导师的言行，就形成了早期佛传的片断。例如他什么时候开始说法的，他涅槃前后的情形如何等等。这也是最初佛典的一部分。后来经过传说、加工、组织，佛陀一生事迹逐渐系统化，形成为一个完整的传记。因为佛是教主，是信仰的偶像，那么不但他生前事迹充满了神奇，而且附会以他前生历世轮回中修道行善的故事，这部分故事叫《本生经》[①]。到了大乘佛教阶段，佛陀越加神化和偶像化了，佛传中加入了更多神异夸饰的成分。这些佛传传说，后来记录为文字，形成不少经典。译成汉语的有《中本起经》二卷（东汉康孟祥译）、《太子瑞应本起经》二卷（吴支谦译；异译有南朝刘宋时期求那跋陀罗译《过去现在因果经》四卷）、《佛本行集经》六十卷（隋阇那崛多等译）以及《佛所行赞》五卷（马鸣著，北凉昙无谶译）等。

---

① 完整的《本生经》保存在巴利文佛典《小部》里，共有 547 个故事。在汉译佛典里，散见于《六度集经》、《生经》、《菩萨本行经》、《菩萨本缘经》及《菩萨本生鬘论》等经典中。

　　因此，今天我们看待这些佛传，不能完全当作史实，而只能看作是传说。其中有丰富的艺术创作成分。人们把它们当作文学作品，立了"佛传文学"这个名目。但这些传说却又是我们了解佛陀生平的主要依据。近代学者利用佛教方面的材料，又参照其他史料和考古发掘资料，排除了神话传说因素，勾稽出了佛陀其人生平思想的大致轮廓。就是那些显然是神化或夸张不实的表达，从中也可探寻出佛陀教义的基本面貌。完成这项工作，主要是近代欧洲与日本学者的劳绩。特别是因为他们对于更真实地反映了佛教早期形态的巴利文佛典的重视和钻研取得了成果。

　　佛陀的本名，现在已完全不清楚。"释迦牟尼"是个尊称，是释迦族的圣人的意思。这表明他是一个出身于称为释迦部族的人。据晚近人研究，释迦族可能是非雅利安人种，或许是汉藏语系的人。按出身，他是刹帝利种姓。文献中又记载他姓乔答摩（Guatama），名悉答多（Siddhārtha），前者意思是"最好的牛"，后者意思是"事业成就者"，这也都是他成道后的尊称。他又被尊称为佛陀。但佛陀是古印度一种普遍观念，意思是觉者或智者，佛教成立后才成了一个专用名词。

　　按佛传的描述，佛陀从处胎到降诞，都充满了神异，例如说他右肋而生、七步能言等等。这当然都是神话。但有的故事却含有创作者的寓意，并从侧面反映了一定的真实情形，例如说佛陀降生以后，有从北方雪山来的仙人，预言他如果不能成为统治天下的转轮圣王，就会成为救世的佛陀。故事创作者显然在宗教与世俗之间划出一条界线，暗示佛陀成为宗教教主的前途。同时，这个故事也表明，当时像佛陀那样的刹帝利青年，或者去追求现世统治的利益，或者出世作求道的沙门，而对佛陀来说，前一条道路显然是没有希望的。

　　佛传上说，佛陀出生七天母亲就去世了，他由姨母摩诃波阇波提夫人抚养长大。他成长得相貌奇伟，聪明好学，善骑射，膂力出众。十七岁时,娶耶输陀罗为妻,并生了一个儿子罗睺罗。父亲净饭王对他抱有很大的期望,希望他有朝一日继承王位,成为转轮圣王。一直到二十九岁以前,他一直过着豪华优裕的生活。这些传说有多少事实根据难以确考。但在早期佛教材料中,并没有佛陀早年豪华生活的记载。至于在汉译佛传中,把他描述成一个王国的"太子",则更是出于夸饰。不过可以确信,佛陀作为一个刹帝利青年,确实有过优裕的生活环境,并受到过婆罗门道德教育。就前者,他成道后的言教中所讲的生活体验,表明他经历过奢侈享乐的生活。就后者,他创建自己的佛教教义,也吸收了一些婆罗门教的重要思想,例如佛教中占有重要地位的业报理论就来自婆罗门教;而他提倡的修习禅定以求解脱的修证方法也是古印度宗教中流行的瑜伽功的一种。

佛传上说青年佛陀居住深宫,不了解世情,耽于玄想沉思,有高蹈出世倾向,很令他父亲担心。又有一个偶然机缘触发他弃俗出家。据说他有一次到城外巡游,在东、南、西三个城门看到了老人、病人与送葬的人,在北门则看到了沙门修道者,对比之下他痛感人生的无常,这成了他走上求道道路的契机。这个故事明显是经过概括加工了的。但它也暗示了一个事实:像佛陀那样聪慧敏感的年轻人,当时的现实生活(包括婆罗门种姓制度下的黑暗现象以及前面讲过的弱小的释迦族的危机)使他感受到不可解脱的精神苦恼。他所创立的佛教的出发点,就是从苦难人生中求解脱。佛陀当初正是带着这个问题离家出走,加入了游行四方的沙门求道者的行列的。

按佛传,他从二十九岁到三十五岁曾实行过六年苦行。据说他离家出走后,向东南到摩揭陀国(今比哈尔邦)王舍城附近地区修行,曾向沙门阿罗逻·迦罗摩和优陀迦·罗摩子问道,不得要领。他又到伽阇山苦行林,曾日食一米一麦,苦修禅观。这当中,他又经受了恶魔的考验。在这些故事里,时间年月不必拘泥,佛陀经过艰苦的求道探索过程当是真实的。他到摩揭陀国，因为那里是一个政治经济中心，也是沙门思想家集中活动的地方。他又一定曾和另一些求道者接触和交流过。当时沙门中有不少苦行者，企图通过肉体的痛苦磨炼来求得灵魂的自由和解脱。佛陀也一定试验过这种办法。至于恶魔考验等等，不过是他自身思想搏斗的象征。经过这种求道的艰苦历程，佛陀认识到已有的旧的修行方法不能真正求得真理与解脱，从而走上了独立探求的道路。他不在人生伦理上走极端，而是力图在精神上得到对于宇宙真实的觉悟。按佛传说，他放弃了苦行，接受了一个牧女供养的乳糜，恢复了体力，在尼连禅河（今法古尔河）中沐浴，然后在河西荜钵罗树下结跏趺坐，得到了开悟。荜钵罗树因而称为菩提树，这个开悟地就叫菩提伽耶（Buddhagayā，又称"菩提道场"），是佛教的圣地之一。就这样，作为教主的佛陀诞生了，凡人"沙门释子"变成了"佛陀乔达摩"。这是他创立佛教的第一步。在这个过程中，表现出他的教义的一个重要特征，就是注重精神上的觉悟，用佛教语言叫作"菩提"（智慧）或"阿耨多罗三藐三菩提"（无上正等正觉）。

佛传上说，当佛陀在森林中修苦行时，净饭王曾派了憍陈如等五个人相从。后来他放弃了苦行，憍陈如等人以为他堕落了，就离开了他。他悟道之后，有梵天前来劝请，请求他传道。这种文学性的表现，说明了佛陀由自悟的修道者到悟他的传道者的过程。他首先到中印度迦尸国波罗奈城外鹿野苑（Mṛgadāvā，今瓦拉纳西城西北），找到了憍陈如等五个侍者，向他们说法，讲了"四谛"、"五蕴"、"八正道"等基本教义，这就是所谓"初转法轮"。这次说法的内容大致就是现存的《转法轮经》①。憍陈如等五人就是第一批佛弟子。接着又度波罗奈长者子耶舍及其亲友出家。这样，佛、法、

————————————

① 后汉安世高译，又有唐义净异译《三转法轮经》，内容又见南朝刘宋求那跋陀罗译《杂阿含经》卷一二至一五。

僧"三宝"都已齐备,佛教就算形成了。如果不计较这些事件的具体细节,这样的宣传教义、组织教团的过程必然是存在过的。

　　佛陀成道后,连续进行了艰苦而宏伟的教化活动,佛传上说一直进行了四十五年,直到他去世。这些资料大体可以反映他当时活动的方式和范围。他聚集了大批弟子,在对话中进行说教,这与孔子、苏格拉底和耶稣很相似。而且他四处巡游,在有力量供养他教团的地方暂住一定时期,这更像孔子的周游列国。他的弟子的数量也和孔子差不多,相传孔子有三千弟子,而较原始的材料则说佛陀有弟子五百人或一千二百五十人;孔子有八大弟子,佛陀则有十大弟子,即摩诃迦叶(Mahā kāśyapa)、舍利弗(Śāriputra)、目犍连(Mahā maudgalyāyana)、须菩提(Subhūti)、富楼那(Pūrna)、迦旃延(Kātyāyana)、阿那律(Aniruddha)、优波离(Upāli)、阿难(Ānanda)、罗睺罗(Rāhula)等。按佛传上说,他在鹿野苑"初转法轮"以后,又前往摩揭陀国。因为要传播新宗教,必须到政治、经济中心,思想家活动集中的地方。他一路上广施教化,有原来信奉拜火教的迦叶三兄弟率弟子皈依,从而他声名大噪。他带领弟子们来到王舍城(Rājagrha,今比哈尔邦底赖亚附近)后,得到摩揭陀国王频婆娑罗皈依。国王在迦兰陀长者献给佛陀的竹园建立精舍,供佛陀及其弟子们"安居"①。佛陀在这里又收舍利弗、目犍连为弟子。这两个人后来帮助佛陀传教,颇有劳绩。在多子塔,大迦叶遇见佛陀,也皈依为弟子,后来佛灭以后他是最初结集佛经的主持者。时有拘萨罗国舍卫城(Śrāvasti,在拉普地河南岸)人须达来王舍城经商,听到佛陀的消息,拂晓即来造访。他以向孤儿施舍得名为"给孤独长者"。后来他招待佛陀及其弟子到舍卫城,从祇陀太子处购得园林,建立祇园精舍。佛陀离开王舍城北上,回到家乡迦

---

①佛教制度,在雨季三个月(古印度约当五至八月)僧尼禁止外出,在一定住处坐禅修养,称"雨安居"、"夏安居"。在中国内地,规定日期为旧历四月十六日至七月十五日,亦称"坐夏"或"夏坐"。

毗罗卫。他的异母弟难陀、堂兄弟阿难和提婆达多、儿子罗睺罗等都随同他出家。姨母摩诃波阇波提也要求出家，佛陀起初未允，后经阿难劝说，才收纳她为女弟子。从迦毗罗卫城向西南，来到舍卫城，住在须达长者奉献的"祇树给孤独园"的祇园精舍，受到国王波斯匿的供养。佛陀曾在这里二十五年雨季安居，是他和弟子们住得最久的地方。从舍卫城向西，渡过恒河，佛陀又到憍赏弥国，这里是通往南印的交通要冲，有瞿师罗三长者献给佛陀的园林。憍赏弥国王优陀延和王后也都皈依佛陀。从这里，年迈的佛陀带领弟子们东归，顺恒河又到波罗奈，再东南到王舍城。王舍城的东北有耆阇崛山（Gṛdhrakūṭa），佛陀在这里的七叶窟为比丘说法，然后离开王舍城，开始他最后的游化。他北行经那兰陀，渡恒河，到吠舍离附近的贝鲁伐那村（竹林村），遣散弟子，只留下阿难一人随行。雨季安居时已经患病，雨季过后继续西北行。在男末罗国波伐城接受了锡铁匠纯陀的供养，病情转重。行至拘尸那迦城（Kuśi-nagara，约当今联合邦迦夏城）逝世，按佛教说法称作"涅槃"。从这些情况看，佛陀活动的地区主要在中印和北印。近代考古已发掘出一些佛教圣地的遗址。自公元 4 世纪法显西行，许多中国的求法旅行家参拜过这类遗址。可证佛传传说中佛陀活动的情况是大体可信的。

今天，我们剥落传说中佛教教主身上神圣的灵光，透过那些显然是经过夸张和改造的传说，会看到作为历史上的实在人物的佛陀。他作为一个伟大的思想家和求道者，不安于现世安逸的生活，不愿稀里糊涂地在生死中浮沉，艰苦探索，精进努力，从贵族家庭走进沙门的行列。几十年间，经过无数艰难困苦的考验，又克服了内心中种种矛盾，追求人生的奥秘、宇宙的真实，得出了在当时是十分独特和杰出的结论。他本人也成为历史上极少数以个人力量改变人类面貌的伟大人物之一。

三　佛陀的面貌

如上所述,佛陀是古印度"百家争鸣"中反婆罗门的沙门自由思想家中的一个人。但他是其中最伟大的人物。这不仅是因为他的才能、学问、智慧、道德在当时人中是第一流的,而且他的思想学说中确实有许多有价值的东西。他在人类认识史的长河中作出了重大贡献,写下了光辉的篇章,因此他应列入伟大的思想家与哲学家的行列。但他却不同于孔子和苏格拉底,他又是一个宗教家。他是佛教的创始人,生前是宗教导师,死后被当作教主与偶像来崇拜,并不断被神化。甚至他的外表都不同于常人,有所谓"三十二大人相"、"八十种微妙好"①,比我国的舜重瞳、孔子俱头等等神奇多了。我们了解佛陀与佛教,首先要分清佛陀这不同的面貌,认识他由思想家向宗教家转化的过程。

作为思想家,佛陀首先是人生伦理的说教者。在这方面,可以说他的思想是颇富理性主义色彩的。这种理性主义成分一直成为佛教的特征之一,尽管后来它常与蒙昧主义相混淆以至被后者所掩盖。佛陀与当时的许多沙门思想家一样,不相信天启的教义,而要解决人生实际问题。他放弃了豪华优裕的贵族生活去苦行,后来又放弃苦行去寻求"正道",首先是要为人生寻找一条解脱之路。他不喜欢探究脱离实际的形而上学的问题。在《中阿含经》第二二一《箭喻经》里,有一个叫鬘童子的提出一些问题:"世有常？世无有常？世有底？世无底？命即是身？为命异身异？如来终？如来

---

①简称"三十二相"、"八十种好",这是传说中佛陀与生俱来的神异特征,前者如千辐轮相,身广长相,金色相,丈光相等,后者如声音宏亮,鼻梁修长,耳轮阔大等。

不终？如来终不终？如来亦非终亦非不终？"意思是世界是不是常
存的？有没有边际？灵魂和肉体是一是二？如来有没有命终的时
候？佛陀回答说：正像有些人中了毒箭，首要的是拔箭疗毒，而不
是去研究射箭的弓是什么材料制的，弓弦是什么材料作的，它是什
么颜色的，箭杆又是什么样的，是谁射的，从哪里射出的等等，如果
这样研究来研究去，中箭的人早死掉了①。所以他认为鬘童子那些
形而上学的问题是没有意义的。对这类问题后来增加四个，他不
做回答，称为"十四无记"。这显示了佛陀的教义重视实践的品格。
在人生伦理上既重理性又重实践，是他一生教化内容的特色，也是
他的教义得以普及的原因之一。从现有资料看，他生前为教团以
及在家信众制定的戒律，强调从个人立身行事到家庭、社会的伦理
关系的修行，很注意建立一个和谐的社会。他的平等、慈悲思想是
有严重局限性的（这在后面还要说到），但它们作为婆罗门种姓观
念的对立面却有很大的进步意义。后来佛教徒把佛教教义简单地
表述为"诸恶莫作，诸善奉行"、"上求菩提，下化众生"，也突出了佛
教的民众化的伦理特色。从这个意义上看，佛陀是一位伟大的伦
理家。

佛陀悟道不只是基于他的思考。他广泛学习了当时的各种知
识，特别是汲取了婆罗门思想以及诸"外道"即沙门思想家的成果。
他的教义的许多内容都取自已有的思想遗产。他又很接近实际。
他出游各地，调查、了解到各种社会问题。我们看他对弟子讲学，
举出许多实际生活中的例子，说明他是一个对现实观察细致、了解
透彻的人。而他又有超人的思维能力。他善于把自己的认识上升
为理论，总结为系统。人们研究能够反映他早期说法情况的佛典，
发现当时他的理论思想还不完整，例如"无常"观念还不清楚，"缘

①《中阿含经》卷六〇《箭喻经》。本书中引用佛典，限于读者可见的资料，主要
　利用汉译文献。

生"的体系也不确定。但后来他的理论在逻辑上却越来越严密、精致，构成了古代哲学思辨难以企及的庞大体系。正因为有以上种种条件，他的思想就不完全是封闭的、独断的个人臆造，而有一定的真理性的成分。他的思想的辩证法的内容在当时是居于思想界的最前列的。由他的辩证思维发展起来的佛教哲学与佛教逻辑，是人类思想史上的宝贵成果，有着不朽的价值，直到今天仍然是宝贵的思想遗产。在这个意义上，佛陀又是伟大的哲学家。在世界上伟大的宗教教主中，大概没有人在哲学史上有佛陀那样的地位。

至于他在说法中表现了卓越的文学才能，他创造了佛教重视文学艺术的传统，他又堪称为卓越的文学家或修辞家，这里就不赘述了。

但是，佛陀却没有在人生导师与新学说创立者的方向上走到底。他终于没有像孔子和苏格拉底那样主要作为思想家而传称于世，而成了宗教教主。这不只是由于教主的身份掩盖了他的思想家、哲学家的名声，更因为他的思想上的创获，他的富有客观真理内容的哲学成果都被纳入到宗教教义的体系之中了。因此，他主要作为伟大的宗教家而确立了在历史上的地位。

造成这种情况，有其时代的必然性，也与佛陀个人的性格有关系。

古印度是宗教气氛十分浓重的社会。佛陀个人性格上也富于宗教性质。他自青年时期起就不羡慕世俗权势与生活享乐，而耽于玄想，追求人生问题的彻底解决。这种要求本身就有独断主义的性质。他一旦悟道之后，并不是把自己领悟的知识当作实践的产物和进一步认识的出发点，而把它看成是个人独得的最终的真理。他把自己的认识与凡人隔绝开了。他虽然从未幻想自己是全能的主宰，但却自奉为一个超人。这样，思想家就成了教主。

他把自己的思想主张叫做"法"（Dharma），音译为"达磨"或"达摩"。这个词有不同的却又是相互关联的含义。首先这是指一切存在,如"诸法"、"万法";二是指这些存在的法则,即事物的规律;三是指规定人的行为的轨范。如果只走到这一步,那么"法"的内容还属于哲学、学问。但佛陀更进一步把"法"变成了"教法",绝对"真实",让人盲目地去体认、信奉。这就成了宗教教义了。

佛陀的教团表面是师、弟子关系,似乎与孔子召集门徒讲学很相似。但他的团体终究不是个教学机构。一是僧团建立在信仰的基础上;二是僧团用以教义为基础的戒律相约束;三是规定了一整套修证方法。这样,他的弟子就成了信教的徒众了。

一些佛教研究者看到佛教反对婆罗门教的祭礼,起初也不讲究偶像崇拜,它的教团又没有与教义不相干的戒条,再加上它有丰富的理论、学术内容,就怀疑它的宗教性质,说它是"非宗教非哲学",是"智信而非迷信"。又有人反过来说它是"亦宗教亦哲学"。实际上,佛教学术虽有其独立价值,却是从属于宗教、为佛教教义服务的。而佛陀尽管有思想家、哲学家以至文学家的多种面貌,但本质上他还是宗教家。

四　苦谛、无常与无我

前面已经指出过,佛教在长期发展中面貌有很大变化。原始佛教与佛教后来发展的各阶段不同;中国佛教与印度佛教不同,等等。但原始佛教的基本观点却奠定了它以后发展的基础,构成了佛教丰富庞杂、充满矛盾的思想堆积的根本内容。因此,研究佛教,首先应把握这些基本观点。另外,也如上所述,这些观点组成一个体系要有个过程,不会是佛陀一"悟"之下完成的。由于反映佛教原始状况的材料尚待梳理,这个过程的细节如何还不清楚,所以只能作总括的叙述。

　　近代研究表明，在数量众多的佛经中，早期部派流传的《阿含》（Āgamasūtra）经典最为早出。"阿含"的意思是"传承的说教"，这一类经典反映了佛陀当初言教的内容。在巴利文经藏里，《阿含》有《长部》、《中部》、《相应部》、《增支部》和《小部》五部。在汉译佛典里，有《长阿含经》二十二卷（后秦佛陀耶舍与竺佛念译）、《中阿含经》六十卷（东晋僧伽提婆译）、《杂阿含经》五十卷（南朝刘宋求那跋陀罗译）和《增一阿含经》五十一卷（东晋僧伽提婆译）。汉译四《阿含》大体相当巴利文的前四部，但据认为传自不同部派。探讨原始佛教的面貌，要以《阿含》经典为根据。下面，就依据这些材料，概括说明原始佛教的基本观点。

　　《杂阿含经》卷十二至卷十五包含一系列内容大致相同的经典，即佛成道后在鹿野苑对憍陈如等五弟子所说《转法轮经》，内容是说"四谛"的。古印度神话中有所谓"转轮圣王"，他掌握"轮宝"征服四方。佛陀的佛法威力无边，喻如轮宝，因而说法称"转法轮"。其中最简洁、完整的表述如下：

　　　　如是我闻：一时佛住波罗奈仙人住处鹿野苑中。尔时世尊告诸比丘，有四圣谛。何等为四？谓苦圣谛，苦集圣谛，苦灭圣谛，苦灭道迹圣谛。若比丘于苦圣谛当知当解，于集圣谛当知当断，于苦灭圣谛当知当证，于苦灭道迹圣谛当知当修。佛说此经已，诸比丘闻佛所说，欢喜奉行。①

所谓"谛"是真理的意思。"四圣谛"即四个神圣的真理，可简化为"苦、集、灭、道"。对这四者第一步要知其存在：是为苦，是为集，是为灭，是为道；第二步规劝要"正确"对待：苦应解，集应断，灭应证、道应修；第三步要通过实践验证：苦已解、集已断、灭已证、道已修。这样，佛陀完整地说"四谛"分为"示、劝、证"三层意思，叫"三转十

_____

① 《杂阿含经》卷一五。

二行"(如此整齐的体系可能经后人整理过)。

首先来看四谛中的第一谛——苦谛。

关于"苦谛",《中阿含经》中有简要说明。

> 云何苦圣谛？谓生苦、老苦、病苦、死苦、怨憎会苦、爱别离苦、所求不得苦、略五盛阴苦。诸贤,云何五盛阴？谓色盛阴,觉、想、行、识盛阴……我生此苦,从因缘生,非无因缘。①

这里说到从"生苦"到"五盛阴苦"八苦。这所谓"苦"与世俗所说的"痛苦"含义不完全一致。苦有"逼迫"义。前七苦说的都是人生现象;最后"五盛阴苦"实际上是一切苦的总表现与总根源。所谓"五盛阴",又称"五取蕴",是说人是五种物质或精神现象的积聚(称为'五阴'或'五蕴')和合而成的。"五阴"或"五蕴"即色、受、想、行、识。"色"是我们所感知的有质碍、有形体、能变化的现象界(实际就是客观外物,不过佛教不承认有常住不变的物质实体存在);"受"相当于印象或感受;"想"相当于知觉、表象和概念;"行"是指前二者基础上形成的心理作用、意念;"识"是综合个别意识活动的认识、"了别"。为什么存在"五盛阴苦"呢？经中说:

> 如是我闻:一时佛住波罗奈国仙人住处鹿野苑中。尔时世尊告余五比丘:"色非有我。若色有我者,于色不应病、苦生,亦不得于色欲如是不令如是。以色无我故,于色有病、有苦生,亦得于色欲令如是不令如是。受、想、行、识亦复如是。比丘,于意云何,色为是常、为无常耶？"比丘白佛:"无常,世尊。""比丘,若无常者,是苦耶？"比丘白佛:"是苦,世尊。""比丘,若无常、苦,是变易法,多闻圣弟子宁于中见是我、异我相在不？"比丘白佛:"不也,世尊。""受、想、行、识亦复如是。是故,比丘,诸所有色,若过去,若未来,若现在,若内,若外,若

────────────

① 《中阿含经》卷七《象迹喻经》。

粗,若细,若好,若丑,若远,若近,彼一切非我,非我所。如实
现察,受、想、行、识,亦复如是。比丘多闻圣弟子,于此五受
阴,见非我,非我所,如是观察,于诸世间都无所取。无所取故
无所著,无所著故自觉涅槃。我生已尽,梵行已立,所作已作,
自知不受后有。"佛说此经已,余五比丘不起诸漏,心得解脱。
佛说此经已,诸比丘闻佛所说,欢喜奉行。①

这里提出了"五盛阴"即"五蕴"和"无常"、"无我"的关系。佛陀首
先断定人是五蕴和合而成的,然后引导弟子分别观察每一蕴。如
色蕴,它不是常驻不变的,是所谓"变易法";受、想、行、识也是如
此。这就是所谓"无常"。

由"无常"又推导出"无我"。这里有三层意思。还是观察"五
蕴",一一加以分析。首先,"五蕴"中的哪一蕴都不可说成是"我",
都是我不能掌握的;如果色就是我,那么就不会生出病、苦,受、想、
行、识也是一样。其次,"五蕴"哪一蕴也不是我所有的,即"非我
所"。这样,也没有"我"这样一个本体。所以无我相,无我所,无我
作为本体,总括起来就是"无我"。

早期佛教所谓"无常"与"无我",指的是人生现象,即"人无
我"。它肯定人生的一切现象都处在流传变化之中。它分析人体
是"五蕴"结合的结构,从而从构成与发展上否定了常存不变的
"我"的存在。这种思想是有辩证因素和合理内容的。婆罗门教主
张有"神我"或称"梵我"。要求每一个人的精神通过修证与"梵"结
合。所谓"梵"是绝对的精神实体。这种迷信是婆罗门信仰的产
物。佛教的"无常"与"无我"说是直接反对婆罗门教的。

由"无常"和"无我"导出的"苦谛",显然有着悲观主义的性质。
唯物辩证法看待人生,当然也看到其"变易"的一面,但同时看到人
的本质的规定性,即每一个人自出生到老死,不管如何变化,作为

————————————
①《杂阿含经》卷二。

人的本质的存在是不可否定的,它是我与非我的统一;而且,看待人生现象,不应局限于单纯个体,还要看到人类生生不息的延续。因此,人生尽管有许多苦难,每个人不可避免地要走向死亡,但"人"是客观存在,人类在延续和进步。而佛教却只看到"变易性"的一面,否定了"变易"中人的本质的规定性,又把普通的个人感受与对人生根本意义的理解混淆起来,从而导致了悲观、绝望的虚无主义。

"无常"与"无我"证成了"苦谛",这是佛教教义的基础。佛教的教理就是从这种对人生的理解出发的。

五 集谛与因缘、业

从"苦谛"看,人生是"苦",后来佛教徒形容它是"苦海",比喻它是"火宅",所以就要寻求解脱之道。要想解脱,就得探寻造成"苦"的原因。这样就导出了"集谛","集"是集起的意思。集谛说明造成世间人生及其痛苦的原因。前面说过的"五蕴"讲的也是"苦"的原因,但那是从人生结构的理解上着眼的。而"集谛"则从发生论的角度来分析,从人生现象生灭变化的具体步骤上来进一步论证无常与苦的原因。

集谛的具体说明就是"缘起法"。而缘起法又与"轮回"和"业"的观念有关。

"轮回"与"业"的观念都是婆罗门教固有的观念,佛陀把它们借鉴、改造成为自己教义的重要部分。所谓"轮回"是说人的存在如车轮一样生死流转,而前世的行为将决定后世的生活。"业"本来是"作为"之义,意思是有所作为就不会消失,总要造成决定性的影响。婆罗门教不但讲人类可以相续转生,而且死者可以再死,这就造成了极其神秘的恐惧。从轮回中解脱也是婆罗门教的目标。

但佛陀当年所讲的轮回与业更富于论理性。正如前面说过的，佛陀对灵魂有无之类问题不感兴趣，他也不去作答。这种被他不置可否的问题称为"无记"。这与孔子所说"不知生，焉知死"很为相似。佛陀所说缘起法的基本内容是"此有故彼有，此起故彼起"①。这有两个方面的意思，一是一切作为都有它的作用，这就是"业"，业就要产生后果，这大体相当于形式逻辑的因果关系；二是事物存在是有条件的，人我的存在依靠五蕴和合，五蕴解散则人我空，这是一种条件关系。在构成因缘变化之中，"业"起着决定作用。但对人生来说，既然"人我空"，那就没有一个常存不变的精神主体如灵魂之类，也就不存在一个不死的灵魂在受报。人生的作为只是形成一种功能或精神力量，它们在新的因缘条件下产生出后果。原始佛教对业与轮回大体这样理解。这与后世特别是中国佛教建立在神不灭论上的业报轮回说是大不相同的。

但佛陀终究是个宗教家。他对因缘的观点不限于论理的或逻辑的论证，他要总结出一套规律，成为信仰的教条。这样，他把有情存在即所谓"有"分成若干部分，并认定一个部分与另一个部分存在固定的因缘关系。从《阿含》经典看，各个部分的划分有个从简到繁的过程。简单的只分成三部分，发展到六部分，最后完整地形成为十二部分，称为"十二有支"或"十二缘生"。后来（也应是后人整理的），又把这十二有支配合以过去、现在、未来三世因果，成为轮回的形式。但这是以后的事。早期对"十二有支"的表述可以下文为代表：

> 如是我闻：一时佛住王舍城迦蓝陀竹园。尔时世尊告诸
> 比丘："我今当说因缘法及缘生法。云何为因缘法？谓此有故
> 彼有，谓缘无明、行，缘行识，乃至如是如是纯大苦聚集。云何

①《杂阿含经》卷一二。

缘生法？谓无明、行。若佛出世，若未出世，此法常住，法住法
界。彼如来自所觉知，成等正觉，为人演说，开示显发。谓缘
无明有行，乃至缘生有老死。如佛出世，若未出世，此法常住，
法住法界。彼如来自觉知，成等正觉，为人演说，开示显发。
谓缘生故，有老、病、死，忧悲恼苦。此等诸法，法住法空，法如
法尔，法不离如，法不异如，审谛真实不颠倒。如是随顺缘起，
是名缘生法。谓无明、行、识、名色、六入处、触、受、爱、取、有、
生、老病死，忧悲恼苦，是名缘生法……多闻圣弟子，于此因缘
法、缘生法，如实正知，善见善觉，善修善如。"佛说此经已，诸
比丘闻佛所说，欢喜奉行。①

这一段完整地讲到十二"有支"，其公式是由于有了前者为缘产生
后者，即此缘彼。十二个阶段组成了环环相扣的关系。这"十二有
支"的内容如下：

（一）无明：这是指有始以来的愚痴，是一种盲目的、混沌的精
神力量。这不是指某个人的常识上的错误认识。无明缘行；

（二）行：是由无明业力引起的行为，包括身行、口行、意行，即
"五蕴"中的行蕴。行缘识；

（三）识：由行的作用而产生的六识：眼识、耳识、鼻识、舌识、身
识和意识。识缘名色；

（四）名色：本是物质现象与精神现象的总称，以下进入具体人
生现象，即胎儿在母体中发展到具有"名色"存在的一个阶段。有
趣的是，"名"即五蕴中的识蕴，是精神性的；"色"即五蕴中的色蕴：
地、水、风、火"四大色"是构成一切"色"的根本，是现象界的。在这
一支里，精神性的"名"和现象界的"色"被合二为一了。这是形成
作为佛教教理的基础的精神产生物质观念的决定性的一步。从哲
理说，是从唯心主义角度表明意识与存在的统一性。名色缘六

_____

① 《杂阿含经》卷一二。

入处；

　　（五）六入处：又称"六入"，分为内六入和外六入。"内六入"即"六识"：眼识、耳识、鼻识、舌识、身识、意识；"外六入"即"六根"，指眼、耳、鼻、舌、身、意，即认识器官。有了名色才有认识及认识器官。六入处缘触；

　　（六）触：六入处与外境相接而产生触觉。触缘受；

　　（七）受：由触觉产生的知觉、表象，即五蕴里的受蕴。受缘爱；

　　（八）爱：由"受"引发的贪爱。在早期汉译佛典里又译为"渴爱"，即像干渴的喉咙需要水那样对外界的执着，不是指一般的爱的感情。爱缘取；

　　（九）取：由贪爱产生的执着：欲取、见取、戒取、我取。欲取指对情欲的执着，见取指对邪见的执着，戒取指对不合戒律的行为的执着，我取指执着于有"我"。取缘有；

　　（十）有：由贪著而形成存有，分为欲有，指轮回中的众生；色有，指已断绝粗重欲念、但仍有形体的"天"，如帝释天；无色有，指已无欲望又无形体的"天"。这是"人"形成的关键一步。有缘生；

　　（十一）生：由"有"人得以生成。生缘老、死；

　　（十二）老、死：这是个体"人我"的结束，进入新的轮回。

　　这"十二缘生"从积极方面看，"此起故彼起"；从消极方面看，"此灭故彼灭"。从"无明"到"老、死"，是"顺观"；从"老、死"到"无明"，是"逆观"。结论是同样的。

　　"五蕴"说是从"人我"的构成说明"人我空"；"十二缘生"是从发生论角度说明"人我空"。这也是"苦"的根源。

　　"十二缘生"把人的存在看做一个因果连续的流转变化过程，观念无疑是有辩证因素的。如此从"缘生"关系来分解人生现象，也有某些合理因素。对具体"有支"的缘起关系的分析，有些也符合人生现象实际，如说"六入处缘触"、"触缘受"、"生缘老、死"，是明显的常识的事实。但这"十二缘生"的总体结构却有重大失误：

一是与"无我"观念相一致,否定"人我"的客观存在,追寻作为实践主体的"人我"到精神性的"无明"。这就和基督教的"原罪"观念相通了。二是进而解释人生现象,整体思路是从精神到物质。继而又把"十二缘生"视为信仰教条,则完全是荒谬的了。不过应当肯定,在佛陀活动的当时,"六师外道"的末迦梨·拘舍梨子主张人受制于命运的"宿命论",阿耆多·翅舍钦婆罗否认善恶标准和存在业报,是一种"断灭论",而"十二缘生"则表明善恶果报的必然,主张有情可以通过精进努力改变命运,超脱轮回,体现对于人性的高度自信和浓厚的人本主义精神,是具有一定积极意义的。

佛陀认为苦难人生的根源是由这"十二有支"的因缘关系决定的。这就是"集谛"。从这种造成"苦"的因缘关系中解脱出来,则要"断集"。

六 灭谛与解脱

佛陀讲"苦谛"和"集谛",是对人生现象进行分析。不管这种分析中包含多少片面和失误,讲的基本还是理论问题。古印度思想具有注重个人内省的传统。佛陀把人生现象的观察和想象组织成一个连环相续的因缘体系,显示了他及其后继者的卓越的思辨能力。讲"灭谛"和"道谛",则基本是宗教层面问题。"灭谛"讲修证目标,"道谛"讲修证方法。

在"十二有支"里,从"无明"到"老、死",按因缘法依次相生;反过来,从"老、死"到"无明",按因缘法依次断灭。即是说,缘起法以积极的形式说明了"苦"的根源,即"集谛";又以消极的形式暗示了消除"苦"的前景,即"灭谛"。

《杂阿含经》中有佛陀所说一偈:

　　　　一切行无常,是则生灭法。生者既复灭,俱寂灭为乐。①

在后来的大乘经典《涅槃经》里,有一个本生故事,有偈说:

　　　　诸行无常,是生灭法。生灭灭已,寂灭为乐。②

两个偈是一个,实际上只是翻译不同。这是反映佛教基本观点的一个偈。它指出,摆脱无常生灭的痛苦的出路,唯一的前途是寂灭。寂灭就是从因缘轮回中超离出来,就是解脱,就是涅槃。

　　“涅槃”(Nirvāṇa)又译为“泥洹”,意译为“寂灭”、“灭度”等。这是古印度诸宗教通用的观念,在婆罗门教、耆那教中也使用。它的本义说法不一,一般认为是“把火吹熄”的意思。在佛教里,它被当成是获得解脱的目标。就是说,无明烦恼之火熄灭了,从因缘轮回中解脱出来了,从而达到了最高的寂静,最大的安乐。因为已超脱轮回,也就没有生死问题。它不再是“生”,因为“生”是在轮回之中的。它也不是“死”,因为已经证得了永恒,并不是消灭。它又超越了过去与未来,因为变易的人生过程已经终止了。它也不依附,更不会是任何物质实体,因为进入涅槃就不再有任何执着。它也不依附于灵魂之类的精神实体,因为如果承认有灵魂,那它也在轮回之中。总之,这是不生不灭的绝对境界。

　　对于怎样才算进入了涅槃境界,原始佛教没有明确的说明,后来异说很多。应当说佛陀开悟得道,就算得到涅槃了。但在巴利文佛典里,记述到佛陀逝世,称之为“伟大的死”。这是又一种涅槃。这两种状态显然是不同的。所以后来区分“有余涅槃”和“无余涅槃”。如果生死之因已断即已经得到了觉悟,但仍有前世业报留下的生死之果,即仍存活在世间,叫有余涅槃;而到生死之果已尽,即觉悟的人死去了,叫作无余涅槃。

————————

① 《杂阿含经》卷二二。
② 昙无谶《大般涅槃经》卷一四。

从"断集"、"证灭"的角度看，重要的是意识上的觉悟，就是能够觉悟到"四谛"、"十二因缘"等等的道理，从而断除无明的根源。原始佛教强调"自力"，即要依靠自身精进努力取得觉悟。佛陀是导师，是楷模，不是救世主。人们只能自己救自己。在这方面，反映了佛教个人主义的性质。后来大乘佛教主张"实相涅槃"，认为证得诸法实相是修证的目标，因而肉身可以成佛，似乎更符合原始佛教的理论。认为灰心灭智才叫涅槃，观念上就有很大的局限性了。

在未达到涅槃境界前，最好的准备就是出家修行。离世弃欲是摆脱人间烦恼、取得觉悟的好方法。古印度本来有不少修道者，他们在森林或寂静处静坐或苦行。佛陀汲取了他们的方法。但他不走极端，主张"中道"。他鼓励出家修道，却不赞成不合情理的苦行。他只让人出家离欲，舍去爱乐五欲的对象，从而达到断灭诸苦。所以在原始佛教里，认为出家修行比在家修行更为高级。

涅槃观念让人走向彼岸世界。"到彼岸"有个专门名词叫"波罗蜜"（Pāramitā）。把现实世界与彼岸世界隔断，否定前者而肯定后者，这是宗教神秘主义。而对彼岸世界的追求，则必然是悲观主义与厌世主义的。

"诸行①无常"、"诸法无我"、"寂静涅槃"是佛教的"三法印"。

七　道谛与中道、八正道

灭谛讲的是修道的目标，达到这一目标的具体途径则是"道谛"。道谛具体分为八支，称为"八正道"。正道也叫作"中道"。

①这里的"行"指人的一切身、心存在与活动，与五蕴中的行蕴不同。

　　《杂阿含经》里关于修道方法有一段生动的譬喻，那就是佛陀对二十亿耳的说法，其中说："善调琴弦，不缓不急，然后发妙和雅音。"用这个譬喻，说明"精进太急，增其掉悔；精进太缓，令人懈怠。是故汝当平等修习摄受，莫著，莫放逸，莫取相"[①]。这就是说，在修道态度上不落二边，不走极端。在巴利文《相应部》经典中的《初转法轮经》里，佛陀有"学道者不走两个极端"的话。在汉译佛典里，这叫作"中道"。佛陀本人的修行实践也表明，他反对苦行的禁欲主义，他认为用那种折磨肉体的办法是成不了正觉的；但他也反对耽于现世欲乐的享乐主义，认为一切欲乐都是修道的障碍。这种态度从伦理上看是中正无颇的。在这个方面，他与孔子所主张的"允执其中"，认为过犹不及的态度很相似。这种态度，表现在佛教教团对内对外思想言行的各个方面较为和平中正，成为佛教得以广泛传播的条件之一。

　　他的"中道"，不仅表现在伦理行为上，也是一种宗教修持。就是说，中道的内容又是由教义所规定的，它的贯彻是由戒律保持的。这样，"中道"就超出了伦理的范围，而成为宗教行为。

　　八正道的具体内容是：正见、正思维、正语、正业、正命、正精进、正念、正定。佛陀的觉悟叫"正觉"，他的教法叫"正法"。这所谓"正"并不是常识的说法，而是由特定的宗教内容所规定的。"正道"除了要求离开极端之外，还有两点要求。第一，正道必须是离开"妄见"的。所谓"妄见"，就是出于一般人的欲望要求的常识见解。从佛教教义看来，这都是来自"无明"的愚痴之见。第二，正道必须是离"颠倒"的。但佛教教义所说的本末、苦乐、美丑与人的现实认识正相反对。在佛陀看来，人生本是无常、苦、无我、有漏（即染污的），而人们把它看成常、乐、我、净的，这就是颠倒，是渴爱贪著隐覆了"正确"的认识。这样，所谓"正道"之"正"，显然又是以宗

————————————
[①]《杂阿含经》卷九。

教教义为标准。

八正道按内容又可分为四个层次。

第一,正见。这是要人们树立一种宗教观点,例如用"四谛"、"十二缘生"的观点来看待人生。建立起宗教教义的眼光,以为看待一切现象的出发点。

第二,正思维,正语,正业。人的一切行为都是业,身所行为身业,口所言为口业,意所念为意业。这三业均正才叫正业。这是说人的一切思想言行都要符合教义。正思维就要舍弃享乐,不怀恶意,无伤害之心;正语则要不妄语、不两舌,不恶语,不绮语;正业要不杀生,不偷盗,不邪淫,等等。

第三,正命。命是生计、生业的意思。佛陀要求从事正当的生业,反对如屠宰杀生、贩卖奴隶、卖酒、卖毒药那样的职业。从事农业要耕地、杀伤地里的虫子,对出家人也是禁止的,但对在家人并不禁止。最好的生业是出家为僧。

第四,正精进,正念,正定。这是纯宗教修行的项目。精进就是努力不息,正精进则指求道努力不息,勤修涅槃道法,善已生令生,善未生令生,恶已生令息,恶未生令息,不能懈怠间断。念是忆念,正念就是时时怀念佛陀教法,念我身不净,受是苦,无常,无我。正定即禅定,又叫三昧、三摩地,指心专注一境,以观察"四谛"之理。

宗教本质上是实践的。宗教教义要指导人们的实践,信仰要体现在实践方面。"八正道"解决的就是实践方面的问题。

了解这"八正道"的内容就会发现,它们确实有"中道"精神,所提要求显得十分平凡而又具有弹性。其间不要求人参加繁琐的宗教仪式,没有苦行与偶像崇拜,也不追求来世。所谓"正道"内容又很宽泛,从少欲知足的生活到极高的精神修养,要求很不一致,这就照顾到社会上的不同阶层,从而容纳了更广大徒众。佛陀在最后说法中告诫弟子:

　　　无为放逸。我以不放逸故，自致正觉。无量众善，亦由不
　　放逸得。一切万物无常存者。①

他给弟子提出了一个无止境的目标。作为宗教训条，他指示出达
到最高修持目标的很普通但又是很不易坚持彻底的方法；而作为
一个人生教诫，其中包含着宝贵的真理。佛陀本身更是一生不懈
努力的模范，其求道的热诚与奋斗精神都是令人感动的。

八　僧团与戒律

　　当佛陀向侨陈如等五比丘初转法轮时，就形成了有教主与弟
子的最初的僧团。虽然佛典中有关僧团的记述不可尽信，佛陀在
世时僧团的具体情形也难于确考，但大致的情况是可以了解的。
　　僧团梵文音译为"僧伽"（Saṅgha），是"众"、"和合众"的意思，
意谓求道众人的集合。比丘、比丘尼组成僧团，优婆塞、优婆夷则
是僧团的外护。但后二者不只是信众，而且在经济上通过施舍维
持僧团的活动。在中国，出家与在家的区别很大，在家"居士"是各
种各样的。
　　参加僧团的是自愿服从戒律的修道者，必须自愿皈依佛、法、
僧"三宝"。"四众"都是佛弟子。中国六朝时僧人后来被认为都是
"释种"，都以"释"为姓。组织僧团的原则有反婆罗门种姓制度的
成分。佛说"八未曾有"善法之二是：

　　　　我法中有四种姓，于我法中作沙门，不录前名，更作余字。
　　犹如彼海，四大江河皆投于海而同一味，而无余名。②

---

①《长阿含经》卷四《游行经》。
②《增一阿含经》卷三七《八难品》。

这是说,在原则上参与僧团是不问种姓的。僧团中除教主佛陀之外,大家同为"善友",没有等级关系。初入僧团的人有指导者和教诫者阿阇梨,但这只是个人对个人的关系,而不是权力、义务的从属关系。所以,僧团是开放的,在名义上也是平等的。(这些与中国寺庙中情况不同。)

但在实际上,佛教产生在种姓制度占统治地位的社会条件下,它作为阶级社会的上层建筑,不可能是真正平等的。据《增一阿含经》和巴利文《增支部》的统计,参加僧团的人中婆罗门占总人数的近百分之六十,刹帝利占百分之二十以上,其余为吠舍,而首陀罗一个也没有。有的学者引证释迦族理发师优波离出家为佛陀十大弟子之一,成为执律第一人,以说明当时奴仆同样平等地加入了僧团。但据巴利语的律藏记载,优波离与诸王子交游,他这个理发师很难说就是奴仆之类的人。僧团中婆罗门居多数,因为这些祭司本身是宗教职业者,改变信仰皈依了新宗教。而刹帝利、吠舍参与僧团,其目的之一是要利用宗教神权取得与婆罗门同样的地位。所以佛教的有限制的平等观主要代表了世俗统治阶层以及富人的利益。

如上所述,佛陀当初不允许女性加入教团。当摩诃波阇波提夫人要求出家时,佛陀不同意,由于她意志坚定,经阿难说情才被接受了。但佛陀说,如果正法能延续千年,由于女人出家就只能延续五百年了。不赞成女子参加僧团,除了女子修道困难、女性参与会影响男人修道的考虑之外,也反映了对女性的轻视。佛陀要求弟子对女人不见、不交谈、不动心。这也是古印度妇女的社会、经济地位极低下的表现。

古印度僧团是个寄生集团,不事生产,靠布施维持活动。僧侣共同生活,基本方式是托钵巡游,一年中只有雨季的三个月在施主提供的住处安居。这些住处称为"精舍",在距离人烟稠密的城市不远不近的地方。不远才来往方便,便于对人施行教化,取得施舍;不近则安静,便于修道。佛陀居住的舍卫城的"竹林精舍"和王舍城的"祇园精舍"是著名的安居处,都是有钱的施主提供的。在古印度不发达的经济条件下,靠布施的生活只能简单朴素,这也成为修道的要求。僧侣靠化缘为食,不得存留超出供七日消耗的食物;只可保存三衣(分别在巡游教化、礼拜诵经、日常作务所穿的三种衣服)、剃刀、滤水器、雨具等必要生活用品;不得储存金银财物。这是与后来寺院经济条件下的僧侣生活不同的,更和中国古代社会结交王侯、广积财富的僧侣地主不同。这种生活方式比起婆罗门教中婆罗门对个人生活的全权统治无疑是个进步。但佛教的寄生性质却是很严重的,在各宗教中也十分突出。佛教教义从一开始就把布施看成是一大功德,因为这是僧团衣食所需的保证。

　　为了维持人数众多的僧团,必须有规范。虽然僧团是公开的,但也有所限制。强盗、债务人、逃避赋役者、传染病患者、两性人等是不能参加的,奴隶实际上也不能进入僧团。僧团形成后,逐渐制定了戒律。戒律是逐渐增加与完善的。往往是针对一些具体事例,佛陀作出判断,形成为规则,这就是所谓"随犯随制"。戒律不同于世俗法律、纪律或道德规范。它除了带有神圣不可侵犯的强制性而外,其内容还涉及到纯个人生活行为的全部。戒律对维护僧团的运行起着重大作用。

　　戒与律是有区别的。戒是自律的,律是律他的;戒是对行为规范的规定,律是对违反规定的处置办法。"戒"(Sila)音译为"尸罗",原意是行为与习惯之意,转意为善行。它规定了个人行为的准则,主要是生活伦理方面。对戒的制定是由简到繁逐步定型的。佛教徒共同遵守的有"五戒":不杀生、不偷盗、不奸淫、不妄语、不饮酒。这里不杀生包括反对暴力;而不奸淫对出家与在家有不同要求。出家人不得与女人有性关系,在家人则除妻室外不得有婚外性行为。对于见习期的出家人沙弥(男性)与沙弥尼(女性),再加五条成十戒,这五条是:不涂饰香鬘,不听视歌舞,不坐高广大床,不非时食,不蓄金银财宝。出家的沙弥、沙弥尼到二十岁"见习"期满,要受具足戒即"波罗提木叉",男子有二百五十条,女子有三百四十八条之多①。"律"(Vinaya)音译为"毗奈耶","调伏"、"熏陶"的意思,转意为纪律。这是对过失与犯罪行为的处罚的规定。根据巴利文律藏,从必须自僧团驱逐的大罪("四波罗夷法",即杀人、偷盗、奸淫和诳称自己达到圣境)到可以忏悔谢过的轻罪有二百二十七条。教团实行布萨制度,即每月四次的定期集会,其中在满月和新月的二次大家朗诵戒律,并由有过犯者坦白,如果不坦白的要加以处罚。这与基督教的忏悔制度是相似的。

　　僧团戒律中没有关于祭祀、礼拜与对佛陀崇拜礼仪的规定。这是与婆罗门教的着重祭祀正相反的。僧团也很注意世俗道德。有一部《六方礼经》,说有一青年向天地上下六方礼拜,佛陀告诉他代替六方的应是父母师友等。这显示了僧团在伦理上与世俗的调合。僧团把施行教化当作一个义务,《中阿含经》中说到,在心解脱、慧解脱、自知自觉自作证成就之后,要为他人说展转无量三示现:如意足示现、占念示现、教训示现②。向他人说法是重大功德。但在佛陀时代,僧团除了与施主和传教对象的民众接触之外,并不对世俗政权承担义务,原则上也不受它的资助。摩揭陀国王供养佛,是作为信众,而不是作为世俗政权的代表。这是与后代佛教在不同形式下与政权相联系有很大区别的。与世俗政权不发生关系,也是贯彻教义的需要。从这个角度来说,教团又是一个世俗权势之外的封闭自主的集团。但在社会发展中,教团完全不受世俗的约束是不可能的。因此以后僧团与世俗统治的关系很快改变了。至于中国的僧侣的情况就更有所不同了。

----

①此据《四分律》。
②《中阿含经》卷三五《梵志品伤歌逻经》。

九　原始佛教与部派佛教

按佛教传说，佛陀涅槃前，弟子们都为即将失去导师而悲痛。但佛陀教育弟子们，要不放逸地努力，依靠自己，以教法为自己的导师。这里已有"法身"观念的萌芽。据传佛灭以后，就有佛弟子在王舍城的第一次结集。这是一次审定佛教教义、编辑佛教经典的会议。佛陀说法教化几十年，其弟子远比耶稣和孔子、苏格拉底为多，一生言教也很多。佛陀死了，对他的教法应作一番统一的整理。这样，在大迦叶的主持之下，集中了五百比丘，由"执律第一"的优波离诵律，由"多闻第一"的阿难诵经，然后合诵认可。这就形成了最初的经藏和律藏。这些经典都以"如是我闻"开始，它们的传播在以后很长时期也靠口耳相传。以后又出现了佛教论师解释"经"的"论"，形成"论藏"。"三藏"合起来就是佛教经典。关于这第一次结集的详情已不可能确考，但有这样一次结集是可以肯定的。它在佛陀逝世以后对佛教的存续、发展起了决定作用也是应当肯定的。目前学术界都承认有这样一次结集。

佛弟子来自不同地区，各个阶层，情况不同，佛陀是因材施教、对机说法的；他教化多年，前后的观点也难以一贯。加上佛陀留下的教团没有传继他的教主，更没有统领教团统一的机构。这些都埋下了教团分裂的种子。传说佛陀生前教团中就有反对他的人，著名的是他的堂兄弟提婆达多，他自立僧团，甚至企图谋杀他。他提出"五法"来代替"八正道"，五法是：终身穿粪扫衣（用施舍的碎布拼制的衣服），终身乞食为生，终身一坐食，终生露宿地坐，终生不食一切鱼、肉、酥、乳、盐等。这说明当时僧团内部生活安逸的情况已相当严重，提婆达多想改变这种倾向。据说他得到摩揭陀国王太子阿阇世的支持。佛灭之后，随着形势的变化，僧团内部矛盾愈演愈烈。到约佛灭百年时，遂有在毗舍离城的第二次结集，造成了佛教的根本分裂。关于这次结集与分裂的起因，南传佛教与北传佛教说法不同。按南传佛教史书记载，是因为东印度跋耆族比丘对戒律提出十条新主张，称为"十事"，而以耶舍为首的西印诸长老比丘在毗舍离城召集七百比丘重新审定律藏，宣布"十事"为非法。"十事"中重要的是可以接受金银，日影偏中二指仍可进食，以及可饮未发酵的棕榈酒和未经搅动的牛乳等等。这显然与社会经济发展、佛教徒要求改变原来的生活方式有关。耶舍一派长老是在僧团中有地位的领导阶层，组成了"上座部"；坚持改革教义的一派则组成"大众部"。按北传佛教《异部宗轮论》等资料记载，是由于有个名大天的比丘提出了五种关于教义的新见解，主要是阿罗汉果位并非完满无缺，仍有局限，仍有情欲、痛苦等等。这次结集虽然说法不同，但学术界也是肯定的。因为"根本分裂"，上座部与大众部的形成应当经过一次大的冲突和集会。随着社会形势的变化，对于教义引起分歧，从而造成分裂，也是完全合乎情理的。

　　根本分裂以前的佛教，被称为"原始佛教"。分裂以后，则进入了部派佛教时期。按北传佛教说法，由上座部先后又分裂出十一个部派，由大众部又分裂九个部派，合共二十部。南传佛教中有的资料去掉两部，共十八部。实际教派分化情形复杂，不同文献记载区别很大，如今留有名称的达五十多个。部派佛教最兴盛的时期，是佛灭一百余年后阿育王统治时期①。佛教的部派与中国古代的学派有所不同。例如中国古代的儒家，孔子以后，"儒分为八"，学说各异，但依据的经典是基本一致的（当然以后有今、古文不同，传

---

① 关于阿育王即位年代，北传佛教谓在佛灭后116年，佛弟子第四代的时候。此说较确。南传佛教则认为在佛灭218年以后。据前说阿育王大约于公元前268—前232年在位。在缺乏编年传统的印度史上，这个年代被当作推断许多历史年代的关键。

承家法的差异）。而部派佛教,却各有不同的三藏。因为起初佛教口耳相传,不像我国先秦文字著之竹帛难以更改,相比之下,佛教各部派就有改动、创作的余地。一直到后来,冒称佛说的经还是不断被制作出来。

孔雀王朝的阿育王(Aśoka,约前304—前232)是佛教史上重要的护法君主。他统一了除印度半岛南端的全印。他本来虔信婆罗门教,后来接受佛教,奉为正法,并立为国教。他在全国颁布教谕和敕令,其中有一部分是表现佛教教义或推行佛教的。这些文件刻为摩崖或立为石柱,自14世纪以来续有发现。阿育王石柱是年代最早的可靠的佛教史迹实物。它反映了佛教早期的情况。例如从石刻内容可以推断以《阿含经》为中心的"三藏"是存在过的,《阿含经》大体代表了佛陀言教的原貌。阿育王还派出使臣,把佛教传播到印度各地与邻近国家。可信锡兰(斯里兰卡)、苏门答腊、泰国等地的南传佛教就是阿育王传播的。传说中他还把传播佛教的使臣派到叙利亚、埃及和希腊等地。

据传在阿育王的支持之下,以目犍连子帝须为上座,召集一千比丘,在华氏城(今印度比哈尔邦首府巴特那)举行了第三次结集,批驳"外道"邪说,重新整理《阿含经》。后来传说又有佛灭五百年的第四次结集,据北传佛教是由胁尊者比丘主持的五百比丘在迦湿弥罗(今克什米尔)的结集;南传佛教则认为是公元前1世纪在斯里兰卡的五百比丘结集。一般根据前者认定这只是北印小乘教徒重新审定经文的会议。对于这两次结集,学术界有不同的看法。

关于大众部的资料,目前存留较少。汉译《增一阿含经》、《摩诃僧祇律》是大众部的。梵文经、律现已不存,只留下一部佛传类的《大事》。属于上座部的资料保存较多。二部的区别主要在上座部是分别说,大众部是一说。即上座部坚持保守的旧教义,对一切法要分别简择;而大众部更彻底地发展了佛陀教义的宗教方面,坚持一贯的立场,而成为革新的主张。观点上对立的具体问题,较重要的一是在对佛陀的看法上,上座部各部派虽都承认佛陀是教主,但并不把他当作至高无上的神,而大众部则认为"诸佛世尊,皆是出世;一切如来,无有漏法……佛以一音说一切法……如来色身,实无边际;如来威力,亦无边际;诸佛寿量,亦无边际"①;上座部认为心性本非清净,大众部则认为心性本净,客尘所染,净心可以解脱;上座部中有的部派讲三世实有,唯心论并不彻底;大众部则只认为现在实有,过去未来均非实有。两部分化出来的部派区分很琐细,南传和北传所传分化体系和名称也不相同,但实际观点的差异并不是很大。

部派佛教中影响最大的是上座部分立出来的"说一切有部",简称"有部"。它的经与上座部一样是《阿含经》,律则是《十诵律》。正如这一部派的名字所示,它主张一切法皆有其自性,过去、现在、未来三世体皆实有。这一派否定人我而肯定五蕴,肯定五蕴则认为三世有,因而一切法有。在心性问题上,也与大众部不同,认为杂染而非本净,去掉杂染心,取得离染心才得解脱。这一派中又有譬喻师一流人物,著名的如法胜、世友、法救等,发扬佛陀譬喻说法的传统,对佛教文学有很大贡献。这一派形成于北印,向中亚发展,然后传入我国。早期传入我国的佛教就有这一派,后来在我国新疆地区长期流传。在中国流行的经典主要有《大毗婆沙论》等。

大众部成为以后兴起的大乘佛教的先驱。大乘佛教兴起后,在印度本土和中亚有一部分佛教部派仍在流传,部派佛教的重要典籍亦先后传入我国。我国的法显于公元4世纪游天竺时,那里的部派佛教主要有大众部、上座部、有部和从有部分立的正量部,但当时它们已不能代表佛教发展的主流了。佛陀创建的僧团是个注重修行实践的团体,发展到部派佛教时期,各部派在纷争中深化

①《异部宗轮论》。

了教理的探讨,形成了内涵丰富、系统严密的理论体系。信仰实践得到理论论证的有力支撑,作为宗教的佛教也就更加完善、有教化能力了。

十　小乘佛教与大乘佛教

佛教发展到公元纪元开始前后,产生了一个教义全新的革新运动。主要是社会经济的发展促成了佛教思想的演变,日渐扩大的在家信徒的势力对推动这一转变起了很大作用。此后陆续形成了一批大乘经,如《般若经》、《法华经》、《华严经》等。这种革新的佛教,称为"大乘佛教"(Mahāyāna)。"乘"是"乘载"与"道路"的意思。"大乘"意味着大的车船,可以运载广大众生到涅槃彼岸。这当然是大乘教徒的自称。他们把以前的原始佛教和部派佛教叫"小乘佛教"(Hīnāyāna),这是贬义的称呼。但后来坚持旧说的人却认为大乘非佛说。正如前面已指出的,在大乘佛教成立以后,小乘部派仍然存续。直到我国的玄奘旅印时,印度仍有不少小乘佛教僧侣。南传上座部佛教更一直在发展。它的"三藏"是用巴利文①写成的,最后写定约在公元5世纪。现在斯里兰卡、泰国、缅甸、老挝、柬埔寨等国家以及我国南方傣族等少数民族佛教就是南传佛教。

大乘佛教的某些观念早在佛陀生前已经萌芽。后来的大众部佛教可以说是大乘佛教的滥觞。大乘佛教的理论、观点已经与原始佛教有很大差异,说"大乘非佛说"不是没有一点道理。但从宗教观点看,大乘思想却是对佛陀教法的进一步发挥与完成,特别是

———————————

①这是古印度印欧语系的一种语言,后来成为佛教的宗教语言。

在信仰和伦理领域把宗教观念发展得更彻底和系统化了。

大乘佛教在教义上和思想上与以前的部派佛教有以下几个方面不同：

在对佛陀的信仰上，大乘佛教进一步把佛神化了，建立了法身佛与三世诸方佛的观念。在部派佛教里，已经出现了过去七佛和本生的观念。是说在佛陀以前，已有过从毗婆支到迦叶六佛，加上佛陀是七佛；后来在迦叶佛后面加上燃灯佛，成为过去七佛。燃灯佛给佛陀授记，即预言他出现于世。而佛陀在成道前曾经过历世轮回，为鹿、为鸽、为国王、为长者等积累善行。这就形成了《本生经》。而为了神化佛陀其人，不但说他一生显示出许多神迹，就是在形象上也与常人不同，这就是所谓"三十二种大人相"、"八十种微妙好"。现在可以见到的公元前部派佛教时期石刻中的本生故事证明了当时的佛陀观念。但到了大乘佛教时期，佛陀不再是神圣的人，而是示现为人的神。他是永恒真理的化身。前面说过，佛陀涅槃时告诉弟子要以"法"为导师；大乘佛教"四依"当中又提出"依法不依人"。在大乘佛教里，佛陀所觉悟的永恒真实就是法身佛；以法身为因，经修习成佛的则是报身佛，如阿弥陀佛；为了教化作为人身而示现的叫化身（或称"应身"）佛。这就是佛有三身、根本是法身的实相如来观念。释迦牟尼唯以一大事因缘出现于世，是为了示众生以佛之知见，引导众生入于佛道。但那也只是化身①。在"法身佛"观念的基础上，又发展出三世诸方佛的观念。即认为佛的存在和法力遍及三千大千世界，因此就有无数的佛，每个佛都有自己的佛国土。《华严经·如来名号品》就列举三世诸方佛的名字，描写一个无限庄严美丽的佛的世界。在这些佛中，重要的有具有无限光明的阿弥陀佛和他的西方弥陀净土；在上方兜率天有弥勒佛待机，他将在未来世正法灭后出现于世；东方净琉璃世界

①关于佛的三身，还有别的说法，从略。

有药师佛,它拔苦济难;甚至居士维摩诘也是佛,他的国土就是妙喜世界等等。

　　大乘佛教发展了自度度人的菩萨思想,与以自我解脱为目标的小乘不同。菩萨全称"菩提萨埵"(Bodhisattva),意译为"觉有情"、"道心众生"。这个词,部派佛教用来称呼释迦成佛以前的状态。后来不只用于佛陀,更用以指称一切以成佛为理想而精进努力的人。大乘佛教把菩萨当成修证目标,使这一概念带有了全新的意义。部派佛教修习有四向四果,统称"八辈",即须陀洹(预流)向、须陀洹果,以及斯陀含(一来)、阿那含(不还)、阿罗汉向、果。最高的果位是阿罗汉,有杀贼(杀尽一切烦恼之贼)、应供(受天人供养)、不生(进入涅槃之境)三义。总之,这是达到了自我解脱的圣境。而菩萨则要上求菩提,下化众生。《法华经·譬喻品》说:

　　　　若有众生,从佛世尊闻法信受,勤修精进,求一切智、佛智、自然智、无师智、如来知见、力、无所畏,愍念安乐无量众生,利益天人,度脱一切,是名大乘。菩萨求此乘故,名为摩诃萨。[1]

菩萨不以自我解脱轮回之苦为目标,而是要度脱一切众生,自作舟桥让众生达到彼岸。而只要具有这种思想的人,无论在家还是出家都是菩萨。这也表明这种思想与在家居士阶层的关系。有一部《维摩诘经》就是宣传居士思想的,它对小乘"声闻"(闻佛说法而悟,指佛弟子)、"缘觉"(观十二因缘之理而得道,又音译为辟支佛),提出了尖锐的批评。维摩诘说:

　　　　譬如长者,唯有一子,其子得病,父母亦病;若子病愈,父母亦愈。菩萨如是,于诸众生爱之若子,众生病则菩萨病,众

---

①《法华经》卷二。

生病愈,菩萨亦愈。①

菩萨要"不舍道法而现凡夫事","不断烦恼而入涅槃"②。不是超脱现实而进入彼岸世界,而是把俗界当作菩萨世界。就是说,在众生没得灭度之前,菩萨不求灭度,而要在五浊恶世救度众生。这样一来,在部派佛教中严格区分开来的此岸世界与彼岸世界,在大乘佛教中界限就不那么清楚了。按大乘教法,过正常生活的人都有可能成为菩萨。这样,菩萨思想一方面扩展了佛法的普遍性,另一方面又使佛法与一般人现实生活更密切地联系起来。从而导致后来发展出人人可以成佛、肉身即可成佛的观念。

在修习方式上,部派佛教以前重视出家修习,认为出家高于在家。修习的内容主要是"三十七道品"(又称为"菩提分"),具体内容是"四念处"(观身不净,观受是苦,观心生灭,观法无我)、"四正勤"(未生弊恶法,求方便令不生,心不远离恒欲令灭;已生弊恶法,求方便令不生,心不远离恒欲令灭;未生善法,求方便令生;已生善法,求方便增多,具足修行,心意不忘)、"四如意足"(欲如意足,念如意足,精进如意足,慧如意足)、"五根"(信根、精进根、念根、定根、慧根)、"五力"(信力、精进力、念力、定力、慧力)、"七觉支"(念觉支、择法觉支、精进觉支、喜觉支、猗觉支、定觉支、舍觉支)和"八正道"。这些项目很繁琐,主要集中在个人伦理与心性修养的实践上。而大乘佛教主要修习"六波罗蜜"或"十波罗蜜"。"波罗蜜"(pāramitā)意译为"度",度脱到涅槃彼岸。六波罗蜜指布施、忍辱、持戒、精进、智慧、禅定,加上善巧方便、愿、力、智为"十波罗蜜"。波罗蜜思想有三个特征:一个是强调行愿,即重视主观求道愿望,所谓发阿耨多罗三藐三菩提(无上正等正觉)心,而不是单纯讲业报;二是不仅重视个人修养,还强调人际关系。布施、忍辱都是人

①鸠摩罗什译《维摩诘所说经》卷二《文殊师利问疾品》。
②同上卷一《弟子品》。

第一章　佛陀与佛教   39

际方面的问题。特别是布施，要求与人福德，不只有资财施，还有
法施；第三是强调菩萨行，即利他的实践。大乘的修习特别重视慈
悲。慈是与乐，悲是拔苦，对大众行慈悲是菩萨行的核心。佛陀当
年已有这种观念，到大乘佛教则更发展了。

　　在教义上，大乘佛教在小乘讲"人我空"的基础上进一步论证
"法我空"。原始佛教在分析五蕴的基础上证成"人我空"，但五蕴
中的色法是否实有，其他四蕴的精神活动是否作为主体而存在（例
如灵魂之类的东西），并没有得出明确的结论。佛陀反对讨论这些
形而上的问题而列入"无记"。到了部派佛教时期，对这些问题就
形成了分歧的看法。上座部系中的犊子部、正量部、经量部都认为
"补特伽罗"（Pudgala）实有。补特伽罗意译为"中阴"，指"人我""五
蕴"解散之后进入新的轮回的中间状态，作为承担业报的载体，它
不是"常"，也不是"无常"，相当于俗说的灵魂。说一切有部则认为
一切法有、三世有。所以"我空法有"是部派佛教的一般主张。但
大乘佛教则不但认为人我空，而且认为一切法都是处在生、住、异、
灭之中，是刹那灭、无自性的变易法。早期大乘经典《金刚般若波
罗蜜经》就指出：

　　　　若菩萨有我相、人相、众生相、寿者相，即非菩萨。

这是说人无我。但又进一步说：

　　　　凡所有相，皆是虚妄。若见诸相非相，即见如来。

这是说，我们感知的一切客观事物的性相，都是虚幻不实的现象。
从一微尘到三千大千世界，都假名不实，归于一相，都是空相。"种
种取相，皆是虚妄"①。《大般若经》中提出有名的大乘十喻，即一切
有为法如幻、如焰、如水中月、如虚空、如响、如犍闼婆城、如梦、如
影，如镜中相、如化。什译《金刚经》总结为一偈说：

————————————

① 《大智度论》卷四三。

　　　　一切有为法，如梦、幻、泡、影，如露亦如电，应作如是观。

这样，大乘佛教的"空观"在论证宇宙性空上更进了一步，以"性空"为根据又发展出不同的理论主张。

　　在方法上，部派佛教注重经典言句，重视理论分析。部派佛教时发展起阿毗达磨（Abhidharma），意译为"对法"，即以名相分析与义理阐述来论述教义的方法。今传《大毗婆沙论》①即是说一切有部论书，相传是胁尊者主持的第四次结集时所编定。其中按杂蕴、结蕴、智蕴、业蕴、大种蕴、根蕴、定蕴、见蕴八部分，条分缕析地进行分析说明，并对其他部派进行批驳。这代表了当时佛教界的学风。而大乘佛教这种论理的色彩大为淡薄了，而更富于玄想的、文学的色彩。因为它更重视信仰与实践，宗教幻想就更为突出。《华严经·人法界品》中的善财童子求道故事就是一个典型。他受文殊师利教化，南行参访五十三位善知识，最后遇到普贤菩萨，完成了"求菩萨道"的"行愿"。这象征着大乘佛教重实践的精神。

十一　中观学派和瑜伽行学派

　　大乘佛教建立之后，即不断地有所发展。佛教教义的可塑性表现得十分明显。宗教以教主所传言教与记录言教的经典为典据，但佛教的新经典不断被创制出来，信徒们对已有的经典又区分为最终的"了义经"和方便的"不了义经"。这样后代人就可以创造出革新的教义而组织成新的理论体系了。

　　印度大乘佛教可以分为初期、中期和后期。三个时期各有特

————————

①有北凉浮陀跋摩译六十卷本和玄奘译二百卷本。又东晋僧伽提婆与慧远译
　《阿毗昙心论》是它的节要。

征,教理上也有很大差异。

　　第一时期是自大乘佛教形成的公元纪元前后到公元 3 世纪。这一时期大乘佛教的教义正在形成,还保存着比较单纯的形式,以信仰实践为中心对佛陀教法进行发挥。这一时期教理上的代表是龙树和提婆。他们提出了中道实相观念,因此被称为"中观学派"。

　　龙树(Nāgārjuna,约公元 3 世纪),亦译"龙猛"、"龙胜"①,是这一派的创始人。他是南印人,婆罗门种姓,本是著名的婆罗门教学者,后来皈依佛教。他著述甚富,有"千部论主"之称,著名的有解释《大般若经》的《大智度论》,解释《华严十住经》的《十住毗婆沙论》。而集中表现其中道观念的是《中论》及其入门书《十二门论》。中观思想主要是以有无双遣的形式来说明缘起性空的理论。《金刚经》中有一个"佛说般若,即非般若,是名般若"的公式,是说般若正智本非言说所可表达,言说表达的不是般若的实质;但言说又是一种方便,人们可以通过它理解般若实相。这里已有中道观念的萌芽。中道观是《般若经》中表现的荡相遣执的空观的发展,它以否定形式判定缘起是"八不",即:

　　　　不生亦不灭,不常亦不断,不一亦不异,不来亦不出。能
　　说是因缘,善灭诸戏论。②

就是说,从缘起角度看,万法是离开生灭、常断、一异、来去两边的,这即是"八不中道"。后来青木作注,用谷物生长为譬喻来加以说明,如谷物无种子不会自生、它生、非无因生;但种子长成谷物,又不是断灭;种子不会常住不变,因此是无常的;但旧种子经过生、住、异、灭又生出新种子,是相续不断的,等等。这样,用否定方式说明了诸法本因缘所生,在有无之外,这就是"实相"。认识到"八

---

①或以为"龙树"、"龙猛"非一人。此取我国学术界一般看法。
②《中论·观因缘品》。

不中道"的"实相",也就达到了"如来法性实际涅槃"。"实相"概念本出于《般若经》,在那里,诸相即是非相,非相归于一相,即诸法实相。龙树对这一观念加以辩证的发展。"实相如来"观念是"法身佛"的表现形式。

龙树的弟子提婆(Deva,约公元 3 世纪),亦译"圣天",也是南印人。婆罗门种姓,从龙树出家,才辩绝伦,后与外道辩论被杀。他发挥了龙树的观点,著有《百论》、《广百论》等。他依据龙树的破斥方法,不自立宗,提出了"二谛真假义"。龙树《中论·观四谛品》有一个《三是偈》:

众因缘生法,我说即是空,亦为是假名,亦是中道义。

意思是:诸法因缘所生,本为性空,但名言概念作为施设也不可否定,因此性空、假名二义并立,是为"中道"。而提婆说:

诸世间可说,皆是假非真。离世俗名言,乃是真非假。①

他在这里对俗谛或世谛与真谛或胜义谛作了区别,并表明了二者的关系。即以真谛认识诸法是性空的,但从世谛看又存在假言施设。这里所谓俗谛或世谛不是世俗的看法或常识的看法,它也是佛慧的一部分。如此立真、俗二谛,证真空、假有,是对龙树观点的补充。般若空观走向极端,没有着落,中观学派救其偏失,提出二谛,从一定意义上肯定了现实世界,观点是有辩证因素的。

中观学派的中道实相理论传入中国,影响很大。天台宗、三论宗都以这一派的理论为依据发展了自己的宗义体系。

大乘佛教的第二个时期约自公元 4 世纪到公元 6 世纪。这一时期出现了一批新的论师,着重对教义进行哲学上的探讨与阐述。初期大乘佛教主要发展的是信仰与实践方面,而教内外各种"异端"所提出的许多哲学问题迫使大乘佛教不得不起而应战。在这

①《广百论·教诫弟子品》。

之间,部派佛教的哲学也有所发展。理论斗争造成了佛教发展的又一个兴盛时期。这也可视为佛教最成熟的时期。由于对理论的偏重,这一时期的大乘佛教信仰色彩有所淡薄,在哲学上和学术上出现不少卓有贡献的人物。大乘佛教在这一时期的重要贡献是发展了佛性论和唯识说。新结集成一部《大般涅槃经》,它不同于《阿含经》中的小乘《涅槃经》,而以玄想的方式表现佛陀的最后说法,提出了"佛身常住"、"悉有佛性"、"阐提(极恶之人)成佛"等义。又有《如来藏经》、《宝性》等论,站在众生平等的立场上,论证如来藏(即佛性)遍在一切众生,众生悉有如来藏。这是吸收了印度传统的"梵我一如"的观念所作的发挥。大乘新的佛性说主张众生悉有佛性,为一切人敞开了成佛的大门。传入中土,与儒家"性善说"相结合,发展出"性起"(佛性人人俱有,称性而起)的佛性论,影响广远。

另一派同样是探讨佛性问题的,其主要代表有弥勒、无著、世亲、安慧、坚慧、陈那、护法等论师。这一派发展了"唯识"哲学,称为"瑜伽行学派"。

弥勒(Maitreya)是个神秘朦胧的人物。经典中有弥勒菩萨,即未来弥勒佛,他在兜率天"待机",所以有人认为作为论师的弥勒实无其人。但瑜伽行派的早期论书《瑜伽师地论》署为弥勒所造,其学说为世亲、无著所传承。比较稳妥的说法是在无著等人以前确有一批瑜伽师(或许就称弥勒)是《瑜伽师地论》的作者,他(们)创作的这部书成为这一学派的根本论书。

无著(Asaṅga,约公元4、5世纪)、世亲(Vasubandhu,约公元4、5世纪)兄弟,是瑜伽行学派的实际创始人。他们是北印富楼沙富罗国人,都从有部出家,后来不满于小乘教义。相传先是无著从弥勒受大乘空观,后来世亲在其兄影响之下也改习大乘。现存有属于小乘经量部的《俱舍论》就是世亲早年作品。他们著有阐述瑜伽行派观点的大批著作。无著有《摄大乘论》、《顺中论》、《显扬圣教论》等；世亲有《大乘庄严经论释》、《辨中边论》、《唯识二十论》、《唯识三十论颂》、《大乘百法明门论》、《大乘五蕴论》等。或以为《瑜伽师地论》也出自他们之手。

瑜伽行派的主要观点是建立在阿赖耶缘起理论上的"八识三能变"和"唯识无境"说。按照这一派的看法，除了眼识、耳识、鼻识、舌识、身识、意识之外，还有末那识与阿赖耶识两个识体。第八阿赖耶识又称"藏识"、"异熟识"等，它含藏一切种子，种子熏习生起前七识的杂染现行，形成果报，为万法的总根源，此为"第一能变"。第七末那识的自相和行相则"恒审思量"，一方面以阿赖耶识为依，另一方面是前六识与第八识的桥梁，它自计为"我"，是为"第二能变"。前六识则为"第三能变"。《唯识三十颂》说：

> 由假说我、法，有种种相转。彼依识所变，此能变唯三：谓异熟、思量，及了别境识。

就是说，我、法都是"依识所变"，"能变"的识体有三种：异熟识（阿赖耶识）、思量识（末那识）和了别境识（前六识）。因此"万法唯识"。而由区别名言，又分为三种自性即"三自性"。第一遍计所执自性，谓"周遍计度，故名遍计"，由此产生虚妄分别，产生执着，以为实有我、法；第二依他起自性，即"依他众缘而得起"，一切现象皆为众缘所引心、心所的虚妄变现；第三圆成实自性，即"二空所显，圆满成就"，这才是诸法实性。印度论师举一个通俗的例子来说明三自性：看见一条绳子以为是蛇，这种虚妄认识就是遍计所执自性；产生这种幻觉是以绳子为缘，就是依它起自性；而绳子又是因缘和合而成，是麻编制的，是为圆成实自性。所以说：

> 三种自性，皆不远离心、心所法。谓心、心所及所变现，众缘生故，如幻事等，非有似有，诳惑愚夫，一切皆名依他起性。愚夫于此横执我法、有无、一异、俱不俱等，如空华等，性相皆无，一切皆名遍计所执。依他起上，彼所妄执，我、法俱空，此

空所显识等真性，名圆成实。是故此三不离心等。①

因为三种自性皆不离心，是心所变现，外境不过是识体自身以"见分"缘虑"相分"的结果而已，因此是"唯识无境"。瑜伽行派又在对心识进行分析的过程中，借鉴了部派佛教"阿毗达磨"对世俗现象与彼岸世界进行分析归类加以整理描述的方法，提出了"五位百法"的理论，即把一切现象分为五类：

心法：八识，计八种。

心所有法：心功能，计五十一种。又分为遍行五种（作意、触等），别境五种（欲、胜解等），善十一种（信、精进等），烦恼六种（贪、瞋等），随烦恼二十种（忿、恨等），不定四种（睡眠、恶作等）。

色法：实存的现象，计十一种：眼、耳、鼻、舌、身、色、声、香、味、触、法。

心不相应行法：借助前三种的施设假有，是不属前三者的生灭现象，即运动变化、现象关系、性质、语言等概念、范畴。计二十四种（得、命根等）。

无为法：已断染成净、无生灭变化的绝对存在。计六种：虚空无为、择灭无为、非择灭无为、不动灭无为、想受灭无为、真如无为②。

这一共是一百个概念。瑜伽行学派又叫唯识学派，它在宗教唯心主义体系之内，对意识本身以及它的转变，意识与存在的关系进行了细密的分析，达到了很高水平，在认识论与辩证法上是有贡献的。

唯识学派重视因明即佛家逻辑，出现了一批善因明的大论师，写出了一系列著作，又是对逻辑学的贡献。

瑜伽行派创立以后，很快由南朝陈真谛传译到我国。后来玄

---

①《成唯识论》卷八。
②这里是瑜伽行派的分类，部派佛教的区分次序和数量不同。

奘全面翻译介绍了唯识学说。玄奘在印度求法的老师戒贤就是瑜伽师。玄奘及其弟子窥基在我国创立了唯识宗即法相宗。

　　无著、世亲创立瑜伽行学派之后,大乘佛教中形成了中观学派与瑜伽行学派并立的局面。这是佛教思想又一个繁荣发达的时期。中观学派的代表人物有佛护(Buddhapālita,约470—约540)、清辨(Bhāvaviveka,约490—约570)等。瑜伽行派在发展中又分古唯识学和今唯识学。古唯识学的代表有难陀(Nanda)、安慧(Sthiramati,475—555)等;今唯识学的代表则有陈那(Dignāga,约440—约520)、护法(Dharmapāla,约公元6世纪中叶)、戒贤(Silābhadra,约公元6至7世纪)等。

　　大乘佛教的第三时期是从7世纪到12世纪佛教在印度本土灭亡的时期。这一时期的特征是密教的发展。由于前一期的宗教哲学探讨流于专门与繁琐,宗教信仰失去了依据,这种形势必然引起反动;又由于佛教中本来就有重仪式与经咒的古密教一派。在宗教信仰重被强调的形势之下,佛教中一些派别吸取了印度教的一些内容与礼仪,发展了对神秘仪轨和经咒的信仰,这即是密教。这一教派7世纪中叶产生于德干高原等地,自称法身佛大日如来将深奥秘密教旨授与金刚萨埵,在佛逝世八百年后,龙树开南天铁塔,从金刚受法。这一传说,表明密教与古密教的关系。这个教派的主要经典有《大日经》、《金刚顶经》、《孔雀明王经》等。它还有独特的佛、菩萨。以大日如来为首,有金刚手、金刚喜等以"金刚"为号的许多菩萨,把它们以一定色彩、座位、符号、顺序加以排列,成为曼荼罗图形,就是修密法的坛场。它以"三密"为实现宗教理想的手段。三密即:身密,手结密契;语密,口唱真言,即陀罗尼经咒;意密,心念种子,即一种符号。它又有护摩等仪式,这本是婆罗门教仪式,被它所吸收,形式是将供物投入火中,以乞消灾、增益、调伏作用。密教发展了佛教重修证的实践方面,背离了佛教自佛陀以来重论理、重学术的传统,是从中期大乘佛教高度理论水平的大倒退。这是佛教走向堕落的表现。

密教在唐代传入我国中原，在朝廷支持下曾兴盛一时，后来却没有大的发展。但从另一路传入我国西藏的影响却很巨大。藏传佛教显、密兼重，尤重密教，形成藏密，流行于我国藏、蒙古、土、裕固、纳西等族和不丹、锡金、尼泊尔、蒙古国和俄罗斯远东布里亚特地区。

12世纪末，由于佛教本身的衰落，不能与婆罗门教演化来的印度教抗衡；又由于信奉伊斯兰教的阿拉伯人入侵，给佛教以更沉重打击。公元1203年伊斯兰教军队焚毁孟加拉国的超戒大寺，佛教在印度本土从而被消灭。南传佛教则继续流行于斯里兰卡等南亚和东南亚国家，北传和藏传佛教主要在中国、朝鲜、日本等国家发展。

十二　佛教经典

在名义上，佛教的"经"是佛陀一人所说，"律"是他一人"随犯随制"所订，而由他的身传弟子们整理出来的。实际上，数量庞大的经典不可能是一个人制作出来的。它们是在佛教发展中以原始佛教的早期经典为基础，体现不同时期教义、教理发展，不断地重新制作出来的新经典。"经"在早期是口耳相传的，最早的《阿含经》到公元前1世纪才著录于文字。后来创制新经典也往往经过这样的过程。一部经常有不同文本，在流传中又不断加工、增饰。所以每部经都有无数作者。"论"的情况比较复杂：有些是部派、学派的集体创作，有些是"论师"个人的著作。总之，这些作者中不少是无名的有才华的宗教著作家。

小乘佛教的三藏现存有南传上座部巴利文的藏经。在汉译佛典里,小乘经典没有立为独立的三藏,但经、律、论均存留较多。经的方面,与巴利文佛典对照,五部《阿含》经典译存四部,即后秦佛陀耶舍和竺佛念译《长阿含经》二十二卷、东晋僧伽提婆译《中阿含经》六十卷、刘宋求那跋陀罗译《杂阿含经》五十卷、东晋僧伽提婆译《增一阿含经》五十一卷,另有《小部》未译。律的方面,译有上座部系法藏部的《四分律》(后秦佛陀耶舍和竺佛念共译,六十卷)、有部的《十诵律》(后秦弗若多罗和鸠摩罗什共译,六十一卷)、化地部的《五分律》(刘宋佛陀什与竺道生共译,三十卷)和大众部的《摩诃僧祇律》(东晋佛陀跋陀罗与法显译,四十卷),只犊子部律内地未传。论的方面,有《大毗婆沙论》等。

中国所传佛教属大乘佛教。但没有单独的大乘律。有《梵网经》和《菩萨璎珞本业经》,所传大乘"十重四十八轻戒"和"三聚净戒",传统上被当作大乘律;《梵网经》卷下又被称做"菩萨戒本"。但此二种经近人多以为是中土撰述。大乘论众多,内容十分丰富、复杂,前面已有介绍,后面介绍中国各宗还将涉及。下面简单介绍一下在内容与表现上都有特点的大乘经。

在大乘佛教的初期,最早出的大乘经典是《般若经》一类。这是一个庞大的经典群,有短自三百颂[①]长到十万颂的许多种文本。各本思想内容基本一致,只是表达繁简有所不同。我国汉译有二万五千颂的大品《般若》(西晋无罗叉和竺叔兰译《放光般若经》和竺法护译《光赞般若经》)、八千颂的《小品般若》(东汉支娄迦谶译《道行般若经》、三国吴支谦译《大明度无极经》、鸠摩罗什译《小品般若经》);还有鸠摩罗什、玄奘等多有异译的《金刚般若波罗蜜经》,则是《般若》类经典的一个提纲;十万颂的《大般若经》后由玄奘译出;加上另外已流通的《般若经》,最后由玄奘编辑、补充翻译

---

①这里的"颂"又称"通偈"(不同于诗颂的"别偈"),是梵语经文的一种形式,也用来计算长度,每颂三十二个音节。

成为六百卷的大丛书《大般若波罗蜜多经》。《般若经》哲学思辨的色彩很浓厚，它以般若无分别智即佛智为最高智慧，以说明诸法性空的道理，为大乘佛教奠定了理论基础。

《般若经》之后，出现了《华严经》和《法华经》。《华严经》首先形成的应是说明修行十个阶位的《十地经》部分，后出的《华严经》是个经集。汉译有东晋佛陀跋陀罗译六十卷本，俗称《六十华严》；唐实叉难陀译八十卷本，俗称《八十华严》；又有唐般若译全经一部分《入法界品》的《四十华严》。《华严经》单品异译很多，重要的有后秦鸠摩罗什和佛陀耶舍合译其中《十地品》的《十住经》四卷。《华严经》描述诸佛世界本是毗卢遮那法身佛的显现，发挥了佛身论，阐发"法界"缘起，主张世界乃是毗卢遮那佛的显现，以为一微尘映世界，一瞬间含永劫。《法华经》全称《佛说妙法莲花经》，汉译有西晋竺法护译《正法华经》十卷；后秦鸠摩罗什译《妙法莲花经》七卷；隋阇那崛多与达摩笈多合译《添品妙法莲花经》七卷。内容重点有三："诸法实相"即空相为永久本佛，宣扬普度众生的菩萨思想，又主张三乘（声闻乘、缘觉乘、菩萨乘）归一（佛乘），企图调合大、小乘各派矛盾，使之统一到大乘思想上来。

约在1世纪和2世纪，还出现了《无量寿经》（通行本二卷，题魏康僧铠译，译者多有异说，另有吴支谦、晋竺法护等异译本）、《阿弥陀经》（后秦鸠摩罗什译，后有玄奘异译本）以及《维摩经》（汉译有三国吴支谦译《维摩诘经》二卷，后秦鸠摩罗什译《维摩诘所说经》三卷、玄奘译《说无垢称经》六卷）等经典。前二者是大乘佛身论和佛土论的产物，宣扬阿弥陀净土思想，特别发挥了"它力本愿"观念。《维摩诘经》则宣扬"菩萨于生死而不舍"，不离俗界而入涅槃，典型地反映了居士思想。

到了大乘佛教中期，在公元4—5世纪，又出现了一批新层次的大乘经典。大体上可分为三类。第一类是大乘《涅槃经》等，汉译有北凉昙无谶译《大般涅槃经》四十卷，亦称《北本涅槃》；刘宋慧观和谢灵运等根据《北本》"改治"的《大涅槃经》三十六卷称《南本涅槃》；另有东晋法显的该经部分异译本《大般泥洹经》六卷。《涅槃经》主要发展了佛性学说，认为佛性即法性，空性慧亦佛性，而一切众生皆有佛性，皆可成佛。第二类有《解深密经》（汉译有刘宋求那跋陀罗译《相续解脱经》一卷，北魏菩提流支译《深密解脱经》五卷，陈真谛译《解节经》一卷及玄奘译本五卷）、《胜鬘经》（汉译有刘宋求那跋陀罗译本一卷，又异译有唐菩提流志等人译《大宝积经》第四十八《胜鬘夫人会》）等。这些经典发挥了如来藏思想，认为一切众生本有清净如来法身，这是普遍的佛性说。第三类是综合前两类观点的，有《金光明经》（汉译有北凉昙无谶译四卷本，北周耶舍崛多译《金光明广大辩才陀罗尼经》五卷，陈真谛译《金光明帝王经》七卷，隋阇那崛多译《金光明银主陀罗尼品》一卷等）、《楞伽经》（汉译有刘宋求那跋陀罗译《楞伽阿跋多罗宝经》四卷，北魏菩提流支译《入楞伽经》十卷，唐实叉难陀译《大乘入楞伽经》七卷）、《大集经》（北凉昙无谶译，六十卷）、《大宝积经》（唐菩提流志等译，一百二十卷）等。后两种是佛经丛书。

在大乘佛教后期出现了密教经典，主要有《大毗卢遮那成佛神变加持经》简称《大日经》（唐善无畏和一行合译，七卷）、《金刚顶一切如来真实摄大乘现证大教王经》简称《金刚顶经》（唐不空译，三卷）等。

大乘经典在表现上有突出的特点。相对于早期《阿含经》含有较多的历史性与伦理性，大乘经则是佛教观念与宗教悬想的巧妙的统一。《阿含经》记录的是佛对弟子说法的实际情形（当然有夸饰成分），大乘经典则是菩萨禅定中所听受诸佛说法。《涅槃经》是个很好的例子。小乘《涅槃经》（汉译为《长阿含经》中的《游行经》）基本上记述的是佛临终前的史实，他游行的地点、会见的人物与言教基本上没有脱离现实的框架；但到了大乘《大般涅槃经》，则完全以恢宏的幻想组织材料，其中的佛是神圣的教主，他的教义是在宗教幻想中表现出来的。

这样，大乘经典的文学性质就更为强烈。大乘经的作者强调"譬喻"手段与"示现"作用，大大发挥了说法的艺术创造的性质。所以有人说《华严经》就像一部神魔小说，《维摩经》则如多幕戏剧，而《法华经》又像比喻故事结集。

大乘佛典一般篇幅都很宏大。在表达上多有夸饰与重复。这在加强宗教宣传效果上是必须的。其中如《般若经》有繁简不同的各种文本，是由简而繁铺衍而成，还是有了繁本再归纳出提纲，具体情况难以下结论。

在世界各宗教中，佛教是积累经典数量最为丰富与庞大的。它们不只是宗教圣典，又是宝贵的文化遗产；不只为多学科学术研究提供了丰富资料，也给后代留下了一分宝贵精神财富。

第二章 中国佛教

一 佛教传入中国内地

关于佛教传入中国，有几方面的情况：南传上座部佛教传入中国南方傣族地区；大乘佛教从印度、尼泊尔和中国内地传入中国西藏；以及佛教从中亚经丝绸之路传入中原。这里只讨论佛教传入中国内地的情况。这也是历史上一般讨论的佛教传入中土问题。本章讨论中国佛教，是指汉传佛教。藏传佛教情况不同，应另做专门介绍。

关于佛教传入年代及其路线，异说很多。传入时间最早的提前到西周，实际上当时还没有佛教。关于初传路线，有的学者认为应通过海路传至中国南方。另外，有些传说虽不可尽信，却大致可以反映佛教初传的情形。

各种说法中比较有价值的是《三国志》注所引《魏略》的记载：

> 昔汉哀帝元寿元年，博士弟子景卢受大月氏王使伊存口受《浮屠经》。[1]

---

[1]《三国志》卷三〇《魏志》注引《魏略·西戎传》。

这里的元寿元年是公元前 2 年；大月氏原居我国敦煌、祁连一带，汉初迫于匈奴而徙至阿姆河流域，早在公元前 1 世纪即信仰佛教。"浮屠"即佛陀的异译。《浮屠经》应即佛传类佛经。这是初传佛教容易被接受的经典。大月氏的使臣向中国博士弟子传授这类经典是完全可能的。

又《后汉书·楚王英传》记载，他"更喜黄、老，学为浮屠，斋戒祭祀"。明帝永平八年(65)又有诏天下有死罪可用绢赎，楚王刘英亦奉黄绢、白纨五十匹，明帝诏有云：

> 楚王诵黄、老之微言，尚浮屠之仁祠，洁斋三月，与神为誓。何嫌何疑，当有悔吝？其还赎，以助伊蒲塞、桑门之盛馔。

值得注意的是，这里把黄、老与浮屠并列，显然视为等类。"伊蒲塞"即优婆塞，"桑门"即沙门。前者是在家信徒即居士的异译；后者是佛教僧侣的称呼。

另外有汉明求法一说，初见于《四十二章经序》和牟子《理惑论》。据前文说：

> 昔汉孝明皇帝，夜梦见神人，身体有金色，项有日光，飞在殿前。意中欣然，甚悦之。明日问群臣，此为何神也？有通人傅毅曰："臣闻天竺有得道者，号曰佛，轻举能飞，殆将其神也。"于是上悟，即遣使者张骞、羽林中郎将秦景、博士弟子王遵等十二人，至大月氏国，写取佛经四十二章，在十四石函中，登起立塔寺。于是道法流布，处处修立佛寺。远人伏化，愿为臣妾者不可称数。国内清宁，含识之类蒙恩受赖，于今不绝也。[1]

这个说法富于传说色彩，且今人已经考证《四十二章经》出于东汉末年，不会更早，是经抄性质的文书，所以张骞等写取《四十二章

---

[1]《出三藏记集》卷六。

经》等等，显系附会。而到后来，又传说永平七年（64）遣使，十年归来，并说有迦叶摩腾和竺法兰前来译经，建白马寺等等，则难以凭信了。但透过这些传说，也可朦胧了解到当时佛教传入的情况。

综合以上史料和传说，可以认定，在两汉之际即西历纪元前后，佛教已传入中国内地。按照宗教传播的规律，一般是传教者在民众中活动，产生了一定影响，然后才逐渐进入统治阶级上层。就佛教说，从西域到中原的广大地域中应当先已传播，而从哀帝到明帝的这些记载，是佛教已进入中原、并在朝廷中已广有影响的表现。

如前所说，公元前 3 世纪，印度阿育王曾派遣使者到四方传教，佛教已传播到今克什米尔以及中亚广大地区。部派佛教时，有部在中亚一带十分活跃。前面提到的大月氏，在公元前 1 世纪已信仰佛教，于公元 1 世纪上半期，其首领丘就却建立了贵霜王朝，是中亚地区的一个大帝国，并远与中国、罗马帝国相交通。在迦腻色迦王在位（公元 1、2 世纪之交）时佛教在那里得到很大发展。而中国方面，早自汉武帝（前 140—前 87 在位）时代开通西域，"丝绸之路"成为一条贯通中西的贸易孔道。文化交流包括宗教传播往往伴随着贸易进行。西域或天竺僧侣随着商队来华，而商队中一定会有佛教信徒，带来了他们的新宗教。历史上遗留下来有关佛教输入中国的记述，不过是历史事实中的典型事件而已。

佛教传入时期的中国，已经是具有高度发达的经济与文化的国家。秦与西汉初翦除了六国以来的贵族世袭统治体制，建立起统一的大帝国，实现了以汉族为主体的各民族的融合，大大地发展了生产力。在古代经济与科技高度发达的基础上，当时的中国已形成高度发达的物质与精神文明，是占据世界文明前列的大国。在思想意识领域，汉武帝采取董仲舒的建议，"罢黜百家，独尊儒术"，把儒学与法家、阴阳五行、黄老刑名之学融合起来，建立起名为"儒术"的经学统治。董仲舒的学说中有神学化的一面,特别是发展到东汉的谶纬神学就更具有宗教迷信色彩。但在中国古代思想传统和社会发展条件之下,儒学的重实际、重伦理、重政治的一面一直被突出,东汉还出现了王充等具有唯物主义倾向的大思想家,对谶纬神学进行批判。而从另一方面看,我国古代没有发展出组织化、制度化的宗教。秦汉以前,有祖先崇拜、先王崇拜、神仙方术、鬼神信仰、卜筮星占等等,这还是较原始的多神信仰。先秦发达的哲学学术思想,也是抵制宗教发达的重大力量。直到东汉顺帝到灵帝时即公元 2 世纪中叶,才由道家思想、神仙方术以及阴阳五行、民间巫术等相结合,形成为早期道教,那已是佛教传入中国之后了。

佛教在这样一种情况下传入中国,有其发展的有利条件,也有其不利条件。有利条件是中国在这种新宗教面前,好像处在一种宗教的真空状态。像佛教这样组织、教义都十分完整的宗教中国还没有过;它提出的许多宗教理论、宗教观念都是新鲜的。从这方面看,它适应了中国的需要。这也是佛教得以扎根、发展的一个原因。不利条件是中国高度发达的文明,对外来的宗教又有所抵制,不会全盘吸收。

而佛教之所以最终在中国立足,则又决定于它自身的主、客观两方面的条件。从佛教自身说,它的可塑性与调和性的特点起了重大作用。正如以下还将分析的,佛教在中国的发展过程中,努力适应中国的形势,与中国传统思想相调和。这与后来基督教传入中国形成了鲜明对比。基督教在唐代,在元初,在明、清之际,在鸦片战争以后,四次传入中国,每次都形成一定规模,但终于没有扎根或造成更大声势,一个主要原因是不能把西方文明传统与中国传统相结合。例如明清之际罗马教廷不许中国信徒祭祖、祭孔,信仰层面与中国传统意识根本对立。基督教的仪式,更与中国传统礼仪格格不入。而佛教没有这种情况。从作为接受者的中国人方面说,有着开阔的胸襟与摄取外来文化的能力,善于对外来宗教批判地汲取。中土人士是在保存、发展本民族文化传统的条件下接受佛教的。这与佛教南传到斯里兰卡或传到中国西藏又形成了对比。南传佛教基本上保持了印度上座部佛教的本来面貌。而佛教传入中国西藏,基本上也是照原样被接受。佛教文化成为后来西藏文化发展的基础。甚至藏文也是为翻译佛经而制作的。这一点,在佛典翻译上也显示了不同。汉译佛经往往是按自己的理解接受,翻译时经过选择,经常改动、加工以至按汉语的表现形式给以增删改动,而藏译却是一字一句按原文迻译。藏译经典一般说来更为忠实原文,多是照搬印度思想;汉译佛经却是对印度思想消化、理解了再加发挥,这是汉传佛教不同于印度佛教的显著特点之一。

二　中国佛教的特点

中国独特的环境使得佛教在中国发展有些突出特点。这些特点使它区别于印度佛教,甚至在一般宗教中也有其特殊性。

首先,佛教传入时的中国是个经济、文化发达,高度中央集权的国家。不论是本土的各种宗教,还是外来宗教如佛教,都不可能形成凌驾于世俗统治的神权权威,甚至也不能取得指导世俗政权的精神统治的地位,而只能处在国家统治体制之中。古印度的婆罗门教是凌驾于世俗统治之上的;印度早期佛教是个力图超脱世俗统治之外的出家人团体,到阿育王时代以及后来中亚的贵霜王朝,佛教又都曾被立为国教。但佛教在中国,却必须托庇于国家统治体制而生存。虽然早期僧侣提出过"沙门不拜王者"之类主张,也只是强调化外之民不必"顺化";但就是这种软弱的尝试也不得实现。经过从东晋到唐代的长期争论，终于以教权臣服于王权而告终。事实上，在中国的现实条件下，推行佛教必须依靠统治阶级。所以释道安明确说"不依国主，则法事难立"①。赞宁讨论到有人讥诮唐代宗密屡接王侯，说：

> 或有诮密不宜接公卿而屡谒君王者，则吾对曰：教法委在王臣。苟与王臣不接，还能兴显宗教以不？……②

也正因此，宋太祖赵匡胤到大相国寺，赞宁说"见在佛不拜过去佛"③。后来的僧侣就这样主动屈从于世俗统治之下。而统治阶级则把教团纳入自己管辖范围。自后秦时设僧正，建立起历代延续的僧官制度。北朝立沙门统，南朝立僧正、僧主等。到唐代，宗教受祠部和鸿胪寺管辖，又设左、右街僧录等僧官。在经济上，印度佛教的托钵云游制度在中国基本没有实行，而是建立起僧院制度。寺庙不但是僧人礼拜与寄居处，又是经济实体。大寺院往往同时是田连阡陌的大庄园，从僧侣中形成了僧侣地主阶层。而寺院经济利益的传继，是后来形成佛教宗派的一个根本原因。这样，寺院经济就成为封建经济的一部分。在历史上，曾有一些僧侣握有相当大的权力，如佛图澄参预后赵政权决策，直接影响了君主石勒、石虎；唐代一些僧侣出入宫禁，平交王侯。但教权始终要服从于政权。梁武帝佞佛是有名的，四次舍身入佛寺，但他作为一个世俗统治者仍然执行国家专制统治的治术，维护统治阶级的道德、伦理。历代朝廷还常常限制佛教活动以至演出灭佛的酷烈行动，这也从反面说明了佛教对世俗统治的依附。佛教依附于世俗统治阶级，必然要服务于世俗统治体制。这从僧侣直接参与政治活动到进行有利于统治阶级的所谓"以教辅政"，都有明显的表现。

---

①《高僧传》卷五《道安传》。
②《宋高僧传》卷六《宗密传》。
③欧阳修《归田录》。

其次，与上一点相联系，就是中国佛教在思想理论上对中国传统意识取调和态度，往往利用或借助中国传统思想来宣传自己的教义，有时甚至牺牲自己的部分主张以迎合中国人的意识。这是造成中国历史上儒、佛、道三教既斗争又调和，相互交流、相互融合形势的要因之一。中国知识阶层中，有些人相当积极、主动地接受佛教，提出容纳佛说的看法。较早如东晋孙绰说：

> 周、孔即佛，佛即周、孔，盖外内名之耳。①

后来刘宋的宗炳说：

> 孔、老、如来，虽三训殊路，而习善共辙也。②

颜之推说：

> 内、外两教，本为一体，渐积为异，深浅不同。③

但另一些知识分子则对佛教取拒斥、批判态度。可是比起坚守儒家传统的中国士大夫来，佛教徒的态度更为灵活和随和。早在三国吴康僧会译《六度集经》时，已把佛教的布施与儒家的仁爱相等同。后来佛教徒又努力把佛教伦理与儒家的忠孝相统一。在哲学上，初期传入的般若学是依附玄学而发展的，在很长一段时间没有离开玄学的框架，而玄学的理论更深浸到中国般若学的精神之中。涅槃佛性学说又与中国传统的心性理论相靠拢，从而有可能把普遍的佛性论等同于"性善论"，把佛教的修持等同为正心诚意功夫。至于佛教的三世报应观念更与中国传统的有鬼论与报应论相统一。所以何承天说：

> 佛经者，善九流之别家，杂以道、墨，慈悲爱施，与中国不

---

① 《喻道论》，《弘明集》卷三。
② 《明佛论》，《弘明集》卷二。
③ 《颜氏家训》卷五《归心》。

异。大人君子仁为己任，心无忆念，且以形像彩饰，将谐常人
耳目……①

后周王褒说：

> 斯虽为教等差，而义归汲引。吾始乎幼学，及于知命，既
> 崇周、孔之教，兼循老、释之谈。②

在六朝时期，僧侣可以谈玄习儒；儒生周流三教成为风气，如张融
临终《遗令》：死后三千买棺，无制新衣，左手执《孝经》、《老子》，右
手执《小品》、《法华》。这样，佛教思想逐渐融合为中国思想和文化
传统的一部分。中国一部分知识分子之所以对佛教取拒斥态度，
除了经济利益的原因而外，还唯恐它破坏本土固有传统秩序与伦
理；而佛教在这方面则努力调整好关系，力图剥夺掉反对者和批评
者的武器。

再次，由中国传统文化的性格所决定，在中国传播与发达的主
要是大乘佛教。上面说过，汉代时中亚地区小乘有部流行，并早就
传入中土。有部譬喻师的譬喻经生动活泼，早期翻译了不少。小
乘禅数之学亦曾依靠神仙方术而流行。以后，部派佛教的三藏陆
续传入中国，前面已有说明。但是，中国佛教僧团执行的律是小乘
律，理论思想却是大乘的。自印度佛教大乘运动兴起以来，每有新
的经、论出现，很快就传到中国。而中国人对于阐发佛教理论的论
特别地给予重视。在北朝苻秦、姚秦及其以后的一段时期，以道
安、鸠摩罗什等为首的一批译人，系统传译了前期大乘经和中观学
派龙树、提婆等人的著作，给六朝佛教义学的发展打下了基础。到
了陈、隋与唐初，真谛与玄奘等人又很快传译了中期大乘经典和无
著、世亲等瑜伽行派论师的著作，对于促成唐代宗派佛教大繁荣起

①《答宗居士书》，《全上古三代秦汉三国六朝文·全宋文》卷二三。
②《幼训》，《全上古三代秦汉三国六朝文·全后周文》卷七。

了重要作用。两次弘传大乘经论造成了中国佛教思想发展的两次高潮。在中国，大乘佛教"自度度人"的弘通理想，适合人们受自传统的入世精神；追求个人解脱的"灰心灭智"的小乘观念在中国没有什么市场；大乘经典主张"不断烦恼而得涅槃"，这也适合中国人注重现世生活的习性，而且大乘在宗教修持上也更简便易行。例如中国居士佛教大为流行，就因为中国官僚文人虽羡慕佛界却又不愿离开俗界，所以维摩诘的任运随缘、游戏人间、只重个人内心领悟而自成佛道的作法成了人们的典范。大乘佛教又具有丰富的学术文化内容，它的高度精密的哲学思辨与宗教幻想的巧妙结合，也适应中国人文化发展的高水平。正是在大乘思想得以发扬的基础上，才形成了中国佛教各学派和各宗派，给后来的宋明理学提供了理论资源。

宗派佛教的建立，是中国佛教成熟的标志与成果。六朝时的学派是阐扬一经一论的学说的，而从隋代开始建立的宗派，则各以一定佛典为典据，来进行独立的理论发挥。宗派佛学首先以"教相判释"（称为"教判"或"判教"）来组织教理体系，就是把数量庞大、内容矛盾的经典整理为一个系统，确定哪部经典是佛的最终的"了义"说法。这种办法是南朝义学僧慧观创始的，至天台宗开创人智顗的"五时判教"依此而创立第一个中国佛教宗派天台宗。判教没有什么认真的理论依据，不过是出自本宗派的需要，为本宗派教义寻找理论依据。各宗派在"教相判释"的基础上，对本宗派的基本理论和修持方法，提出自己的主张。宗派佛教推动了中国佛教发达的宗教哲学和宗教学术。但宗派的发达也暗示着佛教自身的衰落。不仅各宗派宗义的矛盾会对佛教整体发展造成损害，倾心于对宗义的繁琐探讨和说明也必然妨碍作为宗教核心的信仰实践。中国佛教各宗派远传到三韩、日本和越南，对这些国家的佛教以至文化的发展造成了巨大影响。特别是日本，传入、保存了一批宗派，又创造出一些新的宗派，相延流传至今。总地看来，中国宗派佛教的发展,丰富了佛教教学和相关学术的内容,对文化的发展是做出了贡献的。

最后应当指出,在中国佛教历史上,民众间的信仰实践也是重要的内容,并一直在发展着。这种信仰潮流往往与义学沙门和知识阶层的高级教理探讨相分流。魏晋以来大型寺院和贵族沙龙中的经典注疏和义学研究,在相当程度上是脱离了民众信仰实践的(当然,二者间也不可能没有联系,在某些方面又是相互影响的)。代表六朝时期发达的义学成就的是前面说到的众多学派的建立。这些学派对外来经论进行了深入、细致的探讨,结合中土实际,在涉及重大教义、教理的许多理论问题上多所阐发,做出了贡献。但同时,在社会的广泛阶层,特别是在民众中,又传播着以实际救济为主要内容的信仰潮流。其中尤以《法华经》等大乘经典宣扬的观音菩萨受到非常广泛的崇信。此外还有净土信仰(弥陀净土、弥勒净土)、舍利信仰、经典信仰(《金刚经》、《法华经》等)、寺塔信仰等等。佛陀原先所宣传的教义本是反对"它力救济"和偶像崇拜的。大乘佛教发展出多佛观念,宣扬佛、菩萨拯济众生的悲愿。从一定意义上说,中国的民众信仰是真正体现了大乘精神的。在中国民众信仰中,如观音这样的菩萨大慈大悲,法力无边,济世度人,被当作是苦难中可以亲近、仰赖的神明。而人们得到的拯济的世界,不是神秘的寂灭,而是美丽幸福的净土,是现实或幻想中的现世人生的延伸。这则充分体现了中土意识重现实、重人生的精神。

由以上的分析可以看出,佛教这一外来宗教,移植到中国土壤之上,逐步适应了中国经济基础与各方面的需要,也逐步适应了中国人的思想与生活实际。这样,它已经成为具有民族特色的中国佛教。当然,我们这样理解中国佛教,并不是否认它作为一般佛教的根本特质。

三　佛典传译

　　关于汉译佛典,在上一章中已有所述及。这里谈谈佛典传译
的一般情况。

　　中国人接受佛教,以传授佛陀教法(名义上如此)的佛典为依
据。所以佛典传译是佛教宣传的重要工作。我国确切可靠的第一
部汉译佛典——安世高译《明度五十校计经》出于东汉桓帝元嘉元
年(151),到北宋仁宗庆历元年(1041)惟净和孔道辅奏请朝廷解散
翻经院,大规模的汉译佛经工作进行了近九百年。据元代的《至元
法宝勘同总录》,留有姓名的译师194人,译出经典1644部、5586
卷。当然这期间有许多已译而佚失的经典①。佛典传译不但介绍
与宣传了佛教,而且输入了内容广泛丰富的印度与南亚、中亚文
化。这样,集中了中外无数翻译家的巨大业绩,堪称人类文化史上
的壮举,对中国思想文化产生了不可估量的影响。

　　目前梵文完整的三藏已不存在,巴利文三藏形成于公元前29
年到公元5世纪之间,如上所述是属于部派佛教的上座部的。汉
译三藏与藏译佛典(分"甘珠尔"和"丹珠尔"两部分)内容兼有大、
小乘,显、密兼存,数量上远远多于巴利文佛典。汉译佛典现存大
约四千万字以上,与藏译相较,内容可互为补充,文字表达上汉译
水平更高,影响也更为广泛。

　　前面提到有传说讲到迦叶摩腾与竺法兰在白马寺译出第一部
佛经《四十二章经》,这作为史实难于考信。最早在译经上作出贡

---

①北宋以后,仍有零星的译业。另外,如果谈中国的佛典翻译,还有藏语、蒙
　语、满语的译业等。

献的是东汉的安世高（2世纪后半）和支娄迦谶（2世纪后半），继起的有支谦（约3世纪）、康僧会（约3世纪）、竺法护（约3、4世纪）等人，都是西域人或印度人。他们不娴汉语，当时又没有原典文字为依据，只是根据他们口述大意，由中国人记录为文字。后来赞宁形容说："初则梵客华僧，听言揣意，咫尺千里，觌面难通。"①这样，译文必然是很粗陋的。但这一时期作为译经开始期，业绩却不可低估。这是翻译实践的探索期，而正是通过那些拙朴的译文，中国人开始接受佛教思想与知识。

到了南北朝时代，这正是印度佛教特别是大乘佛教兴盛的时期。有更多的梵（胡）僧来华，又有不少中国人西行求法，加上佛经原典大量传入，中国人对佛教教义的理解有了很大的进步。这样，在总结前一段翻译工作的基础上，大大提高了译经水平。早期翻译佛典，不得不借用中国学术已有词语来译佛教概念。如以"无"译"空"，以"生死"译"轮回"、以"无为"译"涅槃"等等。这种方法，叫作"格义"。使用"格义"，实有其不得已的原因：从翻译角度看，有语言上的障碍，对应原文本义的更准确的新词语还没有创造出来；更重要的是，佛家的新学说要依附已有的思想概念，以求人们接受并得到普及。初期般若学与中国的玄学相合流，就是在这样的形势下造成的。但用这种方法来翻译，必然歪曲佛教教义。譬如，很显然，般若讲"空"不同于道家讲"无"。到了六朝时期，这种情况逐渐改变了。人们得以在更准确、全面地理解佛教教义的基础上翻译佛典，从而使中国人在对佛教教理的理解上进了一大步，佛教发展也开创了新局面。

佛典翻译水平的提高，还与译经方式的进步有关。早期佛典翻译，是在少数西来外族僧侣或居士和中国信徒间进行。没有梵（胡）本，全靠口传，互相揣摩，由中国人"笔受"为文字。那时信仰

①《宋高僧传》卷三。

佛教的中国知识分子一般文化水平也不高,再加上处在草创阶段,译文生涩粗糙难以避免。但到了六朝时期,由于南北统治者多崇信佛教,在他们的支持之下,遂有大规模译场的建立。姚秦长安逍遥园、西凉凉州闲豫宫、刘宋建业道场寺、庐山般若台,都是一时译业的中心。译场人数众多,动辄数百人,多达二三千人。其中有较严密的分工,译主、诵出、笔受、润色、正义、考证、对校等各有专司。主译人多是精通华、梵(胡)的义学大师。特别值得注意的是,翻译佛典只是译场的一个职能,它同时又是教学机构和研究机构。译主是导师,参与的那几百上千人就是学徒。导师随译随讲,讲解记录就成了经、论义疏。而在翻译中,对教义又进行了问答辩难,对每一义旨都详加研析,然后写定。这种集体翻译的方法,不但保证了译文的质量,而且由于配合了教学与研究,对佛教义学的发展也是很大的推动力。

　　这一期对译经贡献最大的,是释道安和鸠摩罗什。释道安(314—385),俗姓卫,常山(今河北衡水冀州区)人。活动于石赵、东晋、苻秦等朝。他未习外语,但却是优秀的佛教学者与文学家,也是译经的组织者。正如梁启超所说:

　　　　安为中国佛教界第一建设者,虽未尝自有所译述,然苻秦时代之译业,实由彼主持;苻坚之迎鸠摩罗什,由安建议;四《阿含》、《阿毗昙》之创译,由安组织;翻译文体,由安厘正;故安实译界之大恩人也。①

而鸠摩罗什在翻译实践上贡献更大。鸠摩罗什(343?—413?),龟兹人,是西域著名学僧。苻秦时吕光出兵西域,本拟迎请来华。后吕光割据凉州,被滞留十七年。姚秦弘始三年(401),姚兴嗣位,攻下凉州,他终于被迎请入关。在直到死去的十二年间,主持了长安

---

① 《翻译文学与佛典》,《佛学研究十八篇》。

逍遥园译场,前后译出或重译了小品《般若》、《法华》、《维摩》、《阿弥陀》等重要大乘经典,系统传译了龙树、提婆中观学派的主要著作《中论》、《十二门论》、《大智度论》、《百论》等。他的译业,不仅规模巨大,而且水平很高。他深通梵语与西域语言,兼娴汉言,加之译场中人材众多,高足辈出。如中国佛教史上著名的僧肇、僧叡、道标、道恒都出自他的门下,有"四杰"之称。在众人赞助之下,创造出什译经典的精美译文。在罗什以前,译界有重直译与重义译两种倾向。什译可以说是兼顾文质,信、达双重。僧肇评他译《维摩经》:"其文约而诣,其旨婉而彰,微远之旨,于兹显然。"①评他的《百论》:"陶炼覆疏,务存论旨,使质而不野,简而必诣。"②赞宁说他译的《法华经》"有天然西域之语趣"③。他译的经典有些早有译本,有的后来有了更准确的重译本,但广为流行的是他的译本,称为"什译"。

罗什以后,出现了一大批优秀的译师,高水平地翻译了许多大、小乘经典。主要有昙无谶(385—433),译有《大般涅槃经》、《方等大集经》等。由于《大般涅槃经》的传入,发展了中国的佛性学说,影响深远。求那跋陀罗(394—468),译有《楞枷经》、《胜鬘经》以及《杂阿含经》等,前两部经介绍了如来藏思想。佛陀跋陀罗(359—429),译有《华严经》等。后来的真谛(499—569),译有《摄大乘论》、《金光明经》等,前者介绍了唯识学派理论。这一阶段的译师,仍主要是印度人或西域人,但他们多久居中土,已有较好的语文基础;中国人对梵(胡)语的娴熟程度也大有进步,所以译文水平一般是很高的。

鸠摩罗什以前称"古译",什译以后称"旧译"。这一期译经中,有许多是"古译"已有又重译的,如小品《般若》、《法华》、《维摩》以

①《维摩诘经序》,《出三藏记集》卷八。
②《百论序》,《出三藏记集》卷一一。
③《宋高僧传》卷三。

前均有译本。重译是提高译文质量的需要。有的则是由于新梵本传入。不断重译是个好的传统。另一方面,译经完成时又常有序文和后记进行记述。这些文章不只说明了翻译情况、译者对经义的了解,而且一般都准确记述了传译日期和经过。因为印度佛教史没有可靠的年代记述,这些文字又提供了考查经典形成层次的线索,是很有史料价值的。

唐代的玄奘(600?—664)开创了中国译经史的新局面,在一定意义上说是创造了总结性的成绩。在他以前,主要译师都是西域人或天竺人。他是第一位精通五天竺诸种方言的中国大译师。他自贞观十九年(645)西行求法归国,不间断地辛勤进行翻译工作。到他逝世的十九年间,译出经论75部1335卷,约占现存九百年译经总量的四分之一。冥祥《大唐玄奘法师行状》说:"先代翻译,多是婆罗门法师,为初至东夏,方言未融,承受之者,领会艰阻……今日法师唐、梵二方,言词明达,传译便巧……所以岁月无多,功倍前哲。至如罗什,称善秦言,译经十有余年,难得二百余卷。以此校量,艰易见矣。"他的佛学造诣全面而精深,又有高度的文化素养与汉文水平。他的译业以大乘经论为中心,主要分两大部分:一部分是在真谛工作的基础上全面传译了瑜伽行学派的唯识著作,包括署名弥勒的《瑜伽师地论》以及无著、世亲的论著,又糅译护法等十大唯识论师注释世亲《唯识三十颂》的著作而成《成唯识论》十卷;另一部分是编译了各种版本的般若类经典而成一部六百卷大丛书《大般若波罗蜜多经》,其中新译达四百余卷,包括十万颂的最长的《般若经》文本。在译经的组织方式上也有很大改变。隋以前的译场是宗教机构,受到统治阶级支持和保护;到隋代出现了朝廷设立的译经机关。玄奘在长安慈恩寺、弘福寺的译场是朝廷敕建的,属官办性质,朝廷设监护大使,由有文才的重要臣僚充任。这又不再是鸠摩罗什译场那样人数众多并兼作教学机构的场所,而是一个人数少而精的专业班子。这个班子中,如窥基、神昉、嘉尚、普光等,都是学有专长的专家。他们又有前人的经验和译本可以参照,名相的确立、义理的表达,以及行文组织等等,都有严格的标准。玄奘译文风格与鸠摩罗什的华美流畅不同,以确切精赅著称。什译文多有意译和改动原文处,而玄奘译文更精确。正如赞宁所说,第二阶段的译经"彼晓汉谈,我知梵说,十得八九,时有差违",到了第三阶段则"印印皆同,声声不别"①了。以《维摩经》译文为例,奘译《说无垢称经》与藏译文更为接近,而藏译是照原典逐句逐字迻译的。奘译文在译经史上区别"旧译"称为"新译"。新译也有缺点,就是流畅优美不足,所以作为并存旧译的异文,往往不能流行。玄奘晚年,疾病缠身,但他仍然勤奋不辍,终于完成了无人比拟的巨大译业,给后代留下了一笔宝贵财富。

玄奘以后,在译经上成就卓著的有义净(635—713)、不空(705—774)等人。义净的成就在律部的翻译,不空译的是密教经典。宋代朝廷仍相沿设翻经院,但无重要业绩可言。因为这一时期印度佛教已近发展尾声,已没有什么重要原典可译,中国佛教的兴盛期亦已过去。这是仁宗时翻经院解散、大规模译业终止的一个原因。

在翻译佛典过程中,附带作出了多方面成绩。除了所译典籍本身包含多方面学术内容,有助于中国思想学术的发展之外,还有以下几点:

在翻译过程中总结了较系统的翻译理论。译经是虔诚的宗教事业,一般是极为严肃的。历代译经大师对翻译原则与方法均进行了认真的探讨,并总结为理论。在涉及译文的忠实性、表达上信与达的关系、外来语音译原则、译人修养等方面,总结出许多经验,在翻译史上很有价值。

---

① 《宋高僧传》卷三。

　　在翻译过程中,不仅输入了外来语文成分,而且形成一种既保持外来语文风格又为中国人所接受的华梵结合、韵散结合、雅俗共赏的文体,俗称"译经体",对中国语文产生了一定影响,是文体史上的一大成就。

　　至于通过佛典翻译,更培养了一大批宗教人材。他们不仅在译经中发挥了作用,有些人成长为佛教学术专家,对佛教发展做出了多方面贡献。

　　总之,中国的佛典汉译工作,不论在宗教史、文化史上还是文化交流史上,都是值得大书特书的盛事。

四　西行求法

　　中国人的西行求法,是中外文化交流史上的又一壮丽篇章。佛教信徒西行求法,本来是宗教行为,是为了寻求佛教教义或寻访佛教圣地;但其行动的意义却远远超出了宗教范畴。求法行动带动了文化交流,成了文化交流的重要形式。至于求法的人表现的追求真理锲而不舍、不畏牺牲的精神,更是令人赞佩的。鲁迅先生曾写道:"我们从古以来,就有埋头苦干的人,有拼命硬干的人,有为民请命的人,有舍身求法的人……虽是等于为帝王将相作家谱的所谓'正史',也往往掩不住他们的光耀,这就是中国的脊梁。"①

　　我国见于著录的第一位自内地西行求法的人,是三国时曹魏颍川地方的朱士行(约3世纪)。他也是见于记载的第一个中土受戒为沙门的人。为寻求《般若》原本,他于甘露五年(260)自长安西

　　①《且介亭杂文·中国人失掉自信力了吗》。

行,辗转到于阗,终于寻得《放光般若》梵本,于太康三年(282)命弟子弗如檀送回洛阳。他本人则终老西域。自他以后,西行求法见于著录的有百人左右。他们有的是为寻求经典,有的为延请名师,有的为瞻礼佛教圣地,遂不畏险阻,发奋西行。直到唐代"安史之乱"起,中原动乱,西进通路被回纥和吐蕃阻绝,汉土的西行求法运动方告一段落。代之而起的,是中原与西藏的佛教交流逐渐兴盛起来。

古代西行,多数走陆路,经甘肃走廊,经天山南麓,入帕米尔高原,经克什米尔南下去印度;也有少数走海路的,经南海,过马六甲海峡,到斯里兰卡和印度。以陆路一线为主。当时虽有商路可通,但困难也不少。除了有大漠高山险恶的自然条件而外,还由于当时西域处于各民族割据状态,对内地关系极不稳定,汉土僧侣通过有很大风险。加之求法者多无资财,不娴各地语言,只是少数人结伴前行,就更为艰难。唐代的义净在写到自古以来西行的艰苦卓绝情形时说:

> 观夫自古神州之地,轻生殉法之宾,显法师则创辟荒途,奘法师乃中开王路。其间或西越紫塞而孤征,或南渡沧溟以单逝。莫不咸思圣迹,罄五体而归礼;俱怀旋踵,报四恩以流望。然而胜途多难,宝处弥长,苗秀盈十而盖多,结实罕一而全少。实由茫茫象碛,长川吐赫日之光;浩浩鲸波,巨壑起滔天之浪。独步铁门之外,亘万岭而投身;孤漂铜柱之前,跨千江而遣命。或亡飡几日,辍饮数晨,可谓思虑销精神,忧劳排正色。至使去者数盈半百,留者仅有几人。设令得到西国者,以大唐无寺,飘寄栖然,为客遑遑,停托无所。遂使流离萍转,罕居一处,身既不安,道宁隆矣。①

---

①《大唐西域求法高僧传》卷上。

这里,极其生动鲜明地写出了求法者艰苦备尝、九死一生的情景。其中有多少人劳顿饥贫,客死荒途;有些人中途折返了;有些人只到西域的于阗、高昌诸国;还有些人久居他乡而不归了。而见于记载的仅是不畏死亡、仆仆风尘于路途上的极少数人。更多的人赍志以殁,或姓名永久沉埋了。这少数人中成就最高的幸运的成功者,可数法显、玄奘和义净三人。

法显(342?—423?),俗姓龚,平阳(山西襄垣县)人。幼年出家。他生活的时代,正值道安在长安主持译事。他慨于律部多缺,遂立志西行。当他于后秦弘始元年(399)结徒出发时,已是年近六十岁的高龄。他只是个学问僧,路上虽得到一些地方统治者的供养,基本上却是行脚为生。他和同伴取道河西走廊,经新疆南部沙漠地区,逾葱岭雪山,经今阿富汗、巴基斯坦,自印度河谷进入印度内地,一路十分艰辛。特别是途经沙漠,上无飞鸟,下无走兽,极目而望,莫知处所,唯以死人枯骨为标记;又经雪山栈道,九死一生。一路同行者前后有九个人留有姓名。于公元402年抵达印度境的,有他和宝云、僧景、慧达、慧应、慧景、道整七人。其中前三人前期回国,慧应、慧景客死,道整乐居印度不归,只有他一个人在印度巡行求法前后七年,经三十余国,最后到师子国(斯里兰卡)住二年。归途走海路,一年间经苏门答腊,饱受风波之苦,于晋义熙八年(412)七月飘流到山东崂山。从次年起,到建康(今南京市)道场寺主持译事。后卒于荆州辛寺。他亲笔记录一路上的艰苦经历,成《法显传》(又名《佛国记》等)一书。这是中国今存第一部实地考察西域和南亚各国的游记。他此次西行,不只带回了当时佛教界所需要的律藏,而且求得了《长阿含经》、《杂阿含经》、《方等般泥洹经》等经本。特别是《方等般泥洹经》是宣扬一切众生皆有佛性的新层次佛性学说经典,更有重要价值。这些经典有的法显参与译出,有的由他人译出,对我国佛教发展有相当贡献。

玄奘(600?—664),俗姓陈,河南缑氏(今河南省偃师县)人。

少年时出家，以后广研佛典，遍访名师，特别是有感《摄论》、《地论》两家学说不明之点甚多，欲求总赅三藏的《瑜伽师地论》，决心西行求法。其时唐王朝初建，国禁甚严，表请出关，未得许可。贞观三年(629)，以北方连年饥馑，朝廷允许道俗四出就食，遂借机潜行，只身冒险过玉门关外五烽，度莫贺延碛，取道伊吾、高昌，得到高昌王鞠文泰帮助；又受到西突厥叶护可汗礼遇，过热海(伊塞克湖)到飒秣建(撒马尔罕)；又经西域诸国，越大雪山，经迦毕试(喀布尔)，进入五河流域的犍陀罗(白沙瓦)；又经羯若鞠阇国曲女城，开始其三十余国的巡礼。他遍访佛教圣地，终于到达位于恒河右岸、王舍城北的当时印度最大的寺院那烂陀寺，参谒瑜伽行派后期重镇戒贤，听讲《瑜伽师地论》等论。在寺历时五年，然后又遍游五印度四年，仍回那烂陀寺。应戒贤之嘱，开讲《摄论》、《唯识抉择论》。他受到当时印度国主戒日王的礼重，在曲女城设无遮大会，有五印沙门、婆罗门、外道参加。玄奘立《会宗》、《制恶见》二论，历时十八天无人破难，从而得到大、小乘人一致推崇，分别尊之为"大乘天"和"解脱天"。后携大量梵本、佛像等东归。到长安是贞观十九年(645)，受到朝野热烈欢迎。玄奘西行十八载，行程五万里，"所闻所履，百有卅八国"。他本人总结说：

> 见不见迹，闻未闻经。穷宇宙之灵奇，尽阴阳之化育，宣皇风之德泽，发异俗之钦思。[1]

他不只在五印度广泛参学，搜求典籍，而且作为中国的文化使者，向印度介绍了中国文化。他回国后，还曾将《老子》和《大乘起信论》译成梵文。唐代王玄策二次使印时将他所译《老子》带到东天竺迦摩缕彼国，从而使今阿萨密地方的习俗礼仪染上道教风气，有些仪式还传到恒河流域。他还口述一部《大唐西域记》十二卷，是

---

[1] 慧立、彦悰《大慈恩寺三藏法师传》卷五。

法显《佛国记》后又一部中亚和印度史地名著。他的译经事业前节已述,兹从略。

义净(635—713),俗姓张,齐州(山东济南市)人。他少年出家,慕法显、玄奘高风,于唐高宗咸亨二年(671)在广州搭波斯商船泛海南行,经室利佛逝(苏门答腊),于咸亨四年到达东印度。他各地参学,游历三十余国,在那烂陀寺住十一年,学习佛学,兼习医方、因明。武周垂拱三年(687),他重到室利佛逝,停留二年,从事译述。为了求得纸墨和写手,他曾于永昌元年(689)一至广州,同年返回室利佛逝。天授二年(691),他派弟子回国,带来所译经论和所著《南海寄归内法传》。到证圣元年(695),他才回到洛阳,受到热烈欢迎。他旅行二十五年,往来都走海路。回国后,他主持译业,如上节所述。他还著有律仪方面的著作和《大唐西域求法高僧传》;又编有《梵语千字文》,是中国第一部梵文字书。

以上三人可以说是西行求法运动的代表人物。他们不只是佛教史上的功臣,而且是文化交流的使者。他们记录游学历程的几部著作,价值远远超越于宗教之外,作为研究中亚、印度史地的基本材料,至今受到中外学术界的重视。

在义净以后,仍有些人赴印。天宝十载(751)有悟空从使臣出国,在犍陀罗国出家,于贞元六年(790)回长安。这是有记载的唐代西行的最后一人。到宋代乾德四年(966),朝廷派遣行勤等157人赴印求法,没有取得大的成果。后来虽仍陆续有人西行,但西夏势力扩张,西行道阻。到12世纪伊斯兰教势力侵入西北印,求法运动也就势必终止了。

西行求法运动,也是中国古代人向外国寻求新思想、新知识的运动。但当时人所求的主要是佛教教义,因此也就限制了它的成就与意义。然而这个运动的代表人物表现出的精神,却是留给后代的遗产,是值得我们珍视的。

五 佛教中国化与中国化佛教

一种外来的意识形态，必须依附本土的思想、文化土壤才能生存和发展；同时要取得更大的发展，又必须充分发挥它本身固有的价值与作用。没有前一个方面，这外来的东西就是无本之木，无源之水；而没有后一个方面，它又会消融到它所植入的文明之中而失去其意义。从印度输入中国的佛教，也面临着这样的矛盾。它能够面对着高度发达的中国文明，表现出极大的适应性。一方面，它按中国传统意识形态调整了自己的面貌，依附于中国思想学术而取得人们的承认并迅速得到普及；另一方面，在传播、发展过程中它逐渐突出了教义中的本来特征与新鲜内容。这样，在实现佛教中国化的过程中，逐步建设起中国化佛教。

佛教初传中国时，人们是把它当作当时流行的一种神仙方术对待的。《后汉书》上说：

> ……其清心释累之训，空有兼遣之宗，道书之流也……又精灵起灭，因报相寻，若晓而昧者，故通人多惑焉。[1]

当时人心目中的佛，变化无方，无所不入，像是中国式的神仙中人。早期僧侣，更多以神通方术相夸饰，这也是他们传教的手段。如著名的佛图澄（232—348），就善诵神咒，役使鬼神，预知吉凶，兼善医术，因此受到石赵统治者的崇信。佛典翻译初期安世高介绍小乘禅数之学，也被人们视同神仙方术。例如禅学中的数息观，则确与道家导引行气之术很相近。这是所谓"道术化的"或"道教化的"

---

[1]《后汉书》卷一一八《西域传论》。

佛教。

　　但佛教之所以被中国知识阶层所接受，却是因为它带来了新的思想与认识方法。正如王国维所说：

　　　　自汉以后……儒家唯以抱残守缺为事，其为诸子之学者，亦但守其师说，无创作之思想，学界稍稍停滞矣。佛教之东，适值吾国思想凋弊之后。当此之时，学者见之，如饥者之得食，渴者之得饮……①

西汉确立了经学统治，它作为专制王朝的御用理论，表现出章句教条化与谶纬神学化的特色。作为它的反动，有经学内部疑古惑经一派的王充等人的批判；另一方面，则有魏晋之际发达起来的儒、道合一的玄学。恰在这时候，经支谦等人的努力，佛教大乘般若学传入中国。般若学依附于玄学得以发展，二者起了互相滋养推动的作用。这则是"玄学化的佛教"，其代表人物就是释道安与慧远。

　　释道安前面已有简单介绍。慧远(334—416)，俗姓贾，雁门楼烦(今山西宁武县)人，是道安弟子。道安早年在北方时即随之出家，从师二十五年，曾与道安一起到东晋襄阳；后道安被苻秦所掳送回北方，他带领徒众赴庐山定居。他们二人是东晋时代中国佛教的宣传者和建设者。他们正是用中国的玄学观点来理解般若空观的。

　　玄学研究的根本问题是本末、有无问题，即有没有一个本体，这个本体是物质的还是精神的等等。一派是所谓贵无派，以王弼、何晏为代表，主张有生于无，以无为本；另一派是所谓崇有派，以郭象为代表，主张"自有"、"自生"，玄冥独化。大乘佛教讲"人我空"、"法我空"，其理论根据是因缘说，即一切存在都是因缘和合而成，其思想核心是我、法二者皆无自性，即处于生、住、异、灭的流转之

<hr>

① 《论近年之学术界》，《静安文集》。

中。因此,"空"不同于道家与玄学的"无"。它是一种绝对真实的性相,即"诸法实相"。特别是中观学派提出统一"真空"、"假有"的中道观,就更有辩证内容。同时这"空"也不是本体,它不能产生什么,"真空"和"假有"的统一乃是"诸法实相"现象的本质。大乘空观是印度思想的产物,不同于中国的本体思想。但是自般若思想传入中国,人们就依据道家思想来理解它,如在翻译时把"空"译为"无",把"无常"译为"无为"等等。到了道安时期,更有所谓"六家七宗"之争,其中主要的是三宗,即道安的本无宗、支道林的即色宗和支愍度的心无宗。这无论从立宗的名称还是思想内容看,都是玄学中贵无与崇有两派争论的延伸。

　　道安与慧远师徒二人都是学问家,他们对外学都有高度素养。他们生长在中国思想土壤上,用本土的玄学思想来阐释佛理是很自然的。道安的本无宗作为当时般若思想的主流,其观点与王弼等人的看法极其相似。其中心论点是:

> 无在元化之前,空为众形之始,故谓本无。[1]

他以为人之所滞,滞在末有,如能宅心本无,则累斯尽矣。他主张的禅法即"执寂以御有,崇本以动末"。[2]　而慧远正是因为善于用老庄哲学解释般若义,而深得道安赏识。他认为"至极以不变为性,得性以体极为宗"[3],实即主张存在一个最高的精神实体。他所讲禅法是:

> 其妙物也,运群动以至壹而不有,廓大象于未形而不无,无思无为而无不为。是故洗心静乱者,以之研虑;悟彻入微者,以之穷神也。[4]

---

①《名僧传抄·昙济传》引《六家七宗论》。
②《安般注序》,《出三藏记集》卷六。
③《法性论》(残),见《高僧传》卷六《慧远传》。
④《庐山出修行方便禅经统序》,《出三藏记集》卷九。

这即是强调内心与本体之无的统一。由此可见,道安与慧远是用老、庄和玄学的本体论来理解般若空观的。我们看同时的《世说新语》中所写的名僧言行,也正俨然如善玄学清谈的魏晋士大夫。这种对佛学的理解,显然是一种曲解;但却是当时人接受佛教教义的普遍形式,对推动佛教思想的传播有很大意义。

　　进一步发展了中国的般若思想并使之从玄学独立出来的是鸠摩罗什的四大弟子之一的僧肇。僧肇(384—414),俗姓张,高氏(今西安市)人。早年研习老、庄,后跟随鸠摩罗什为弟子,被他誉为"秦人解空第一"。他在对大乘经论,特别在对中观学派著作深刻理解的基础上,著《宗本义》、《不真空论》、《物不迁论》、《般若无知论》等,后人合成为《肇论》一书。他以因缘、中道观念来解空,说:

　　　　欲言其有,有非真生;欲言其无,事象既形。象形不即无,非真非实有。然则不真空义,显于兹矣。①

他认为一切诸法,非有非无,所以不同于玄学的"无";不是因为"无"而空,而是因缘所生,不真故空。依这种性空理论看世界上的一切事物,也就没有真实的变化,"若动而静,似去而留",故"物不迁"②。他的理解,比较正确地把握了大乘佛学因缘观念的辩证内容,因而超出了他以前"六家七宗"解空的玄学框架;但同时他又把中国的本体思想保留下来,以体、用关系来理解空、有关系,是大乘空观在中国的发展。所以他的思想,是印度思想与中国传统观念的有机融合,在中国佛教史上标志着中国化佛教思想的形成,对后世影响也十分巨大。《肇论》文笔洗炼优美,也是佛家议论文字中少见的上乘之作。

　　中国佛教史上发展印度大乘佛学中期《涅槃》佛性学说的代表

①《不真空论》,《肇论中吴集解》。
②《物不迁论》,《肇论中吴集解》。

人物是竺道生，他的思想同样也融入了中国传统思想的精髓。竺道生（355?—434），俗姓魏，钜鹿（河北平乡县）人。他中年游学，广搜异闻，曾就学于鸠摩罗什，后居建康。他根据新的涅槃佛性思想，树"善不受报"、"佛无净土"、"顿悟成佛"诸义。其时昙无谶所译北本《大般涅槃经》尚未传到南方，而六卷《泥洹》已译，谓除一阐提皆有佛性。所谓"一阐提"，即断善根的极恶之人。竺道生按普遍平等的佛性观念进行推论，提出"一阐提人皆得成佛"。旧学僧侣认为他是异端，把他摈出僧众。到元嘉七年（430）再入庐山，北本《涅槃》传来，才证明了他的看法正确。涅槃佛性学说在中国得以发扬，是因为它与儒家正心诚意的性善学说有一致之处。而"顿悟成佛"等义，也与儒家心性学说相合。所以竺道生的贡献，突出表现在把儒、释思想相调和方面。也正因此，他的理论对后代影响也特别深远。

总观佛教自传入到隋以前的发展状况，这是一个佛教思想越来越完整准确地被介绍和阐扬的过程，又是一个它越来越深刻地中国化的过程。这两个过程同时在进行。由于前者，佛教建立了独特完整的思想理论体系，出现了一批义学大师，创立了一些专门学派，如研习《十地经论》的地论学派，研究《涅槃》经的涅槃学派，研究《摄大乘论》的摄论学派等，各派的专家则分别称地论师、涅槃师、摄论师等；由于后者，中国化的佛教在逐步建成。典型的中国佛教是宗派佛教，正是在这一时期打下了基础。

在这个过程中，佛教与儒学之间、佛教与道家思想和道教之间，以及佛教内部不同派系思想之间进行了激烈的、反复的斗争。这种斗争形成了魏晋到隋唐时期我国思想史兴盛繁荣局面的一部分。

在这种斗争中，就儒与佛双方说，不少崇奉儒学的士大夫往往基于传统的思想立场，对佛教采取积极排斥的态度；而佛教方面则多强调二者的一致方面而取调和立场。早在东汉末的《牟子理惑论》里就指出，"尧、舜、周、孔，修世事也；佛与老子，无为志也"，并比喻"五经则五味，佛、道则五谷"，各适其用①。孙绰则强调"周、孔救极弊，佛教明其本"②，只是区分儒与佛有治外与治内之别，在肯定自身的优越性的同时，并不否定儒家的价值。

就佛与道双方说，道教是中国本土宗教。它发展在佛教传入中国之后，无论在教义、经典、组织上都受到佛教影响，但两者对于对方均加以贬低与排斥。早在东汉时期，即有老子西入狄夷为浮屠之说，后增益为老子西游成佛，化佛陀为其弟子故事，后来形成《老子化胡经》③。而佛教则造出种种传说，谓佛陀出现在老子之前。但在中国的条件下，这两种宗教却也没有造成水火不相容的敌对形势。由于其教义侧重面不同，仍能并行地发展。

这样，主要是由于中国文化传统的包容性、佛教教理、组织和戒律的调和性，中国历代王朝又基本采取"三教并立"的统治方针，造成了历史上三教并存的局面。并存中也有激烈的思想斗争，却往往又有统治阶级以其世俗权威加以调节。这些斗争较重要的有：

因果报应之争：东晋末，戴逵作《释疑论》，以为"贤愚善恶，修短穷达，各有分命，非积行之所能至"④。这是用命定论来反对佛教的业报思想。周续之曾著论反对。后来慧远作《三报论》，他在神不灭论的基础上提出：

> 经说业有三报：一曰现报，二曰生报，三曰后报。现报者，善恶始于此身，即此身受；生报者，来生便受；后报者，或经二生三生，百生千生，然后仍受。⑤

---

① 《弘明集》卷一。
② 《喻道论》，《弘明集》卷三。
③ 传为晋道士王浮作，今存敦煌抄本残卷。
④ 《广弘明集》卷一八。
⑤ 《弘明集》卷五。

他说因为感有迟速，故报有前后。这是为答辩反对者所指出的现实中报应不验所提出的遁辞。慧远的这套看法，与原始佛教关于业的思想相距已非常遥远。他是利用中国传统的灵魂不死说与报应思想来改造佛教的业报理论。他的思想对后世中国人影响甚大。

沙门礼敬王者之争：东晋成帝时，大臣庾冰提出"沙门应尽敬王者"；后来安帝时，桓玄也提出了同样的主张。这个"尽敬王者"与否的问题，是在佛教势力扩大的条件下，与世俗政权间在地位、关系、权力等方面发生矛盾的表现。问题提出后，先后有何充、王谧等起而辩难，慧远则写了《沙门不敬王者论》五篇，说明求宗极之理则不顺世俗之化，方外之宾不受世俗统治的道理，指出要"抗礼万乘，高尚其事，不爵王侯，而沾其惠"①。慧远极力争取与世俗政权抗衡的"方外"地位，但他既没有以教权驾驭政权的野心，在经济上又明确表示要依附朝廷。这充分显示了中国佛教在政治上的软弱。到宋孝武帝时，下令沙门必须跪拜皇帝。后来直到唐朝，僧侣方面仍不断为"不拜"的主张进行申辩，但终于以世俗政权的胜利而结束。这也反映了中国佛教与世俗政权的基本关系。

夷夏之争：前宋何承天与道士顾欢都以夷夏之不同来反对佛教，认为不可以中夏之性，效西夷之法。这是以文化上的民族本位主义来反对外来的宗教。对道教来说，则是以本土宗教反对外来宗教。因而谢镇之、朱昭之等著文反驳。这样以夷、夏之防为理由反佛，一直延续到后来。就其反对宗教迷信的意义来说当然是有积极作用的，但在其理由中则反映了狭隘的民族主义与传统文化的保守性一面。

形神之争：这是中国佛教史上理论价值最高的一次争论。前面已经说过，中国佛教的有神论已不完全是印度佛教的业报轮回

---

① 《弘明集》卷五。

思想,由于加入了灵魂不死的观念,变成了更粗俗的迷信。又由于中国自古以来形尽神存的理论有着广泛影响,因此对形神问题虽自晋、宋间就有许多议论,但一直没得到解决。到南齐时,范缜作《神灭论》,引起了一场轩然大波。范缜(450?—515)字子真,舞阳(河南汝阳县)人。他曾在南齐竟陵王萧子良西邸发表言论,反对佛教因果报应之说,退而著成长篇论文《神灭论》。佛教证明神不灭,常以形、神相离为依据,并以薪尽火存来比附。而范缜则坚持"形神相即",反对离开物质而存在精神实体的主张。他用刃之于刀来比喻,说明功能与物质实体不可分。这种类比方法当然不恰当,但其"形者神之质,神者形之用"的论点却是相当精彩的。他不但指出了形、神之相依,而且明确了二者间哪一个是第一性的,从而论定"形存则神存,形谢则神灭",并揭露了宣传神不灭的"浮屠害政,桑门蠹俗"[①]。入梁,梁武帝于天监六年(507)下诏,命朝廷大臣及僧正六十余人进行批驳,但范缜仍不为所屈,显示了唯物主义者的战斗品格。中国历史上反佛批佛的人几乎历朝皆有,但从哲学根本问题上进行深入批驳的却很少见。这主要是因为中国思想家多以传统儒家的唯心主义批判佛教唯心主义,因此缺乏有力的理论武器;结果就不得不把矛头集中到政治、伦理层面。而范缜却是站在哲学唯物主义的高度来批判佛教世界观的根本的,因此达到很高的理论水平。可惜范缜的理论思想在后代没有得到更大的发展。这也是中国反佛战线软弱的地方。

　　从以上所述斗争情况可以看出,批判佛教的人虽然力图批评和限制佛教,但一般来说理论上是软弱的(范缜除外),斗争也是不够坚决彻底的。所以并不能触动佛教的根本地位。当然这些斗争对于抑制佛教的扩张是有作用的;斗争又锻炼了参与双方,活跃了思想战线形势。但却也不能忽视另一个方面,就是佛教受到批评

————————

① 《弘明集》卷九。

与限制,反而使它得以主动调整自身的思想理论和与各方的关系、地位,从而谋求并取得了更大的发展。

佛教自东汉在我国初传,在到东晋的二三百年间,势力虽不断扩展,但在知识分子间影响很小。因为它还没有建设起与中国传统文化相抗衡的思想模式和发展形态。到了东晋,佛教中国化程度加深了,中国知识阶层开始相当普遍地接受佛教。如郗超(331?—373?)著《奉法要》、孙绰(320?—380?)著《喻道论》,都努力调和儒、释,宣传佛教教义。僧侣中的支遁、慧远以及僧肇等都是学有素养的中国知识分子。"十六国"少数族统治者,如石赵石勒、石虎,苻秦的苻坚,姚秦的姚兴等,更都崇信佛教。关于东晋情况,前宋何尚之列举信佛人物说:

> 渡江以来,则王导、周颉,宰辅之冠盖;王濛、谢尚,人伦之羽仪;郗超、王坦、王恭、王谧,或号绝伦,或称独步,韶气贞情,又为物表;郭文、谢敷、戴逵等,皆置心天人之际,抗身烟霞之间;亡高祖兄弟(作者注:指何尚之曾祖父何充及其弟何准),以清识轨世;王元琳昆季,以才华冠朝;其余范汪、孙绰、张玄、殷觊,略数十人,靡非时俊……①

这些著名人物,都崇信佛教。特别值得注意的是,东晋以后王、谢大族,多有信佛者。帝王中如齐竟陵王萧子良、梁武帝萧衍都以佞佛著名。文人中如宋谢灵运、颜延之,齐沈约、王融、刘勰,梁昭明太子萧统、阮孝绪,陈江总、徐陵等,都或为一时文坛领袖,有的还是当朝显贵,也都信佛。佛教普及到文人士大夫之中,标志着它已在中国思想文化的土壤中扎根。因为只有经士大夫阶层接受、消化并再加阐发,才能提高佛教的思想理论水准,并巩固它在社会上的地位。

---

① 何尚之《答宋文皇帝赞扬佛教事》,《弘明集》卷一一。

六　观音与净土

　　前面讲到中国佛教的特点,其中重要一点是义学沙门和知识阶层注重教义、教理探讨的倾向,与广大民众间的低俗的信仰实践间不同倾向的分化与并立。在魏晋南北朝时期,先是有佛教大乘般若学依附于玄学而发展,后来义学研究兴盛,出现众多的学派和专门的论师,遂形成佛教教学及相关学术极其繁荣的局面。这也是佛教在中国这样具有高度发达的文化传统的条件下发展的必然结果。但这种大型寺院和贵族沙龙里的艰深繁难的义学讲疏,是一般民众难以了解的,更表现出严重的脱离信仰实践的倾向。宗教的最为广泛的基础,本来存在于广大民众中。而民众仰赖于宗教的,不是玄虚的义理,而是解决每天面对的苦难现实中的实际问题,他们渴望从宗教信仰中得到实际的帮助和救济。早期输入中土的小乘禅数之学本来就曾被当做神仙方术来接受,而从西域来华的僧侣也多善方术和医术,大乘佛教又突出发展了救济观念,这都为树立和发展民众的信仰心创造了条件。另一方面,东汉末道教兴起并迅速发展起来。这是中国本土的宗教,更具体、直接地体现了满足人们现世福利的救济精神。道教的发展既对佛教提出了严峻挑战,也使它得到借鉴。在这种情况下,适应广大民众的宗教需求,广泛兴起了以信仰实践为核心的巨大潮流,其主要内容则是观音信仰和净土信仰。

　　从佛教发展的历史看,观音信仰和净土信仰都是大乘佛教中后起的现象。而且观音信仰和净土信仰都突出体现了“它力救济”、现世福利的要求,与反映佛教基本思想的般若空观存在着明显矛盾,因而带有某种“异端”色彩。这两种信仰在中国得到十分广泛的弘传,二者并被紧密地结合起来,充分表现出中土民众接受、理解佛教的特色,也是外来佛教在中国的发展中适应本土思想土壤的典型例证。

观音是"观世音"的简称,又译为"光世音"、"观自在"等,是一位菩萨。如上所说,菩萨是已经成就佛道、而发愿住世度人的一类"有情"。他又被称为"一生补处",即一生处在候补成佛的地位上。观音可以说是体现菩萨精神的一位典型。关于这位菩萨,从名号到来源疑点很多,学术界看法纷繁,难下定论,此不赘述。值得特别注意的一点是,这是一位突然出现于大乘佛教之中的、集中体现"它力救济"力量的神明。"净土"一语不见于梵文或巴利文佛经原典,乃是中土的创造。根据大乘佛教的佛土论,三世十方诸佛都有其佛国土,这种佛国土自然是清净无垢的,所以佛经原典中有"清净国土"或"使国土清净"的提法。在中国,随着净土信仰的传入和发展,形成了"净土"这个固定词语,净土信仰并成为中国民众佛教信仰的重要内容。这也是中国佛教对大乘佛土论的重大发展。

中土的观音信仰主要来自《法华经》,全称《佛说妙法莲花经》。该经初译是竺法护于西晋太康七年(286)所出,名《正法华经》。其中有一品为《光世音普门品》,当时"观音"是译作"光世音"的。后秦时鸠摩罗什重译该经,名《妙法莲花经》,已改"光世音"为"观世音"了,后来流通的《法华经》就是这一译本。以后还有另外的译本,唐玄奘并把观音名号勘定为"观自在",但均不能在民众间流行。《华严经》的最后一品《入法界品》中善财童子寻访五十三位"善知识",探寻如何求菩萨道、行菩萨行,也到南海补陀洛迦访问了观音。这也是观音信仰的典据之一。佛教经论里表现观音的还有许多,但最受重视的是《法华经》里的《观世音普门品》,后来独立出来以《观世音经》或《普门品经》的名目流通。

《普门品》宣扬的观音信仰主要有三方面内容。一是普门救济,即普遍的救济。经文一开始就是佛告无尽意菩萨:

　　　　善男子,若有百千万亿众生,受诸苦恼,闻是观世音菩萨,
　　一心称名,观世音菩萨即时观其音声,皆得解脱。

这样,观音具有闻声往救的特殊的救济功能。第二,观音拔苦济难
极其简易和方便。经文里提出称观音名则"济七难"(水、火、罗刹、
刀杖、恶鬼、枷锁、怨贼,或加上"风"为八难),念观音则"离三毒"
(贪、瞋、痴),礼拜观音则"满二求"(求男得男,求女得女)。第三是
化身示现,这是观音的施设方便,它以三十三个化身为众生说法。
这三十三身中既有佛、比丘等,也有一般的婆罗门、长者等;既有
天、龙、夜叉等非人的"有情",也有妇女、儿童。"三十三"表众多,
实际是说观音可以现化为各种"人物",任意地出人世间,施行救
济。《华严经》和其他经典里的观音也具有同样的性格。《普门品》
的所谓"普门",梵文是 Samantamukhu,意思是颜面朝向一切方位,
表示观音拯济力量的普遍性,也是观音名号之一。这样,观音的功
能集中到一点,就是能够极其迅速、方便地"救世间一切苦",因此
这种观音被称为"救苦观音"。魏晋以后,战乱频仍,南北分裂,正
是民众苦难深重的时代。观音信仰特别适应民众的实际需要,从
而得到了广泛传播。在僧史、僧传里记录了众多宣扬观音灵验的
资料。例如法显的《佛国记》,就记载他在航海中遭遇风暴,以诵念
观音得救的故事。在六朝时期兴盛的佛教造像里,观音像占有相
当大的比重;而在其题记里记录了当时人观音信仰的实态。特别
是在流传至今的所谓"释氏辅教之书"中,更保存了许多观音传说,
真切地反映了当时观音信仰热烈传播和广受崇信的情形。如刘义
庆《宣验记》、王琰《冥祥记》等书中记载了不少观音故事;在日本佚
存有三种专门的观音应验故事集,即刘宋傅亮编《光世音应验记》、
刘宋张演编《续光世音应验记》和齐陆杲编《系观世音应验记》。这
三部书共搜集了八十多个观音救苦济难的传说。其中全部是表现
观音如何解救陷于水深火热之中的苦难民众的。人们通过念观音
经、顶礼观音像、忆念观音、口诵观音名号,表白自己的信仰心,从

而解脱了困境,得到救济。这些故事表现了当时观音信仰的实际状态,也反映了这一信仰的流传和兴盛情形。从唐代龙门造像看,在唐代,观音信仰在民众间的普及程度甚至已经超过了佛陀。这是因为观音不仅具有全能的、及时的救济功能,还具有作为"善友"的亲近民众的性格。"救苦观音"信仰后来一直是中土民众佛教信仰的主要内容之一。直到今天,各地的观音道场仍是香火兴盛的地方。

在大乘佛教的三世十方佛当中,在中土流行最广的当数西方阿弥陀佛。另外还有弥勒佛(也被认为是菩萨)、药师如来等,大都是体现救济精神的佛。这也反映了中国民众对于救济的迫切需要。宣扬阿弥陀信仰的主要有前已提到的《无量寿经》、《阿弥陀经》、《观无量寿经》,俗称"净土三部经"。《无量寿经》叙述过去自在王时,有一国王闻佛法出家,号法藏,发无上道心,五劫思维,立下庄严国土、利乐有情的四十八大愿(愿数在不同译本里数目不同),积累德行,于十劫前成佛,号"无量寿",成就无量功德庄严的安乐净土,信佛众生分上、中、下三辈往生彼国。而观音和势至则是那里的"一生补处菩萨"。无量寿佛即是阿弥陀佛。《阿弥陀经》则以极其夸饰的笔法具体描写了西方极乐净土的种种美好景象,宣扬那里"无有众苦,但受诸乐",并说只要一心称念阿弥陀佛名号,死后就可往生彼土。《观无量寿经》具体宣说于禅定心中观察阿弥陀佛及其左右胁侍观音、势至等,极乐净土庄严的观法,总括为"十六观"。其中宣扬的是一种独特的禅观,即通过观想念佛使佛的境界悉皆现前。此外还有其他许多宣扬净土的经典,而以这三部最为简要、明晰,也最为中土民众所信受。这些经典里特别发挥了所谓"它力本愿"观念,即信佛众生可以借助阿弥陀佛的愿力成就佛道。这是和佛教一贯宣扬的依靠"自力"成佛全然不同的观念。这种依靠"它力"救济的观念,十分适应一般无助民众的要求。另外把观音纳入为"净土佛"之一,从而使受到热烈欢迎的观音信仰和净土信仰相结合,成为推动二者广泛传播的巨大助力。东晋高僧慧远就是西方净土的信仰者和宣扬者,他曾和道、俗百余人结社,于庐山般若台阿弥陀佛像前发愿往生西方,以此被后来人树立为净土宗的初祖。但他作为高级义学沙门,所奉行的是"观想念佛",即通过禅观来体悟阿弥陀佛的境界。到了北魏的昙鸾、隋代的道绰和唐初的善导,在新的时代条件下,进一步发展了净土思想。他们大力提倡净土念佛的"易行道",倡导专心念佛的净土法门,主张通过读诵、观察、礼拜、称名、赞叹阿弥陀佛,凭借其愿力来入圣证果,得到往生。这是更为方便、简易的修行方式,受到民众更广泛的欢迎。在唐代,净土念佛曾盛极一时;到宋代,更组织起作为宗派的净土宗。宋代以后,宗派佛教衰落,"禅、净合一"成为中国佛教的主要形态。在民众间,净土信仰和观音信仰相结合广为流行。"家家阿弥陀,户户观世音"成为世风的真实写照。

　　观音信仰在流传中不断发展、变化。上述净土观音的流行是这种变化的重要表现之一。在六朝时期中土人士所创造的伪经中,也出现了一批伪观音经。伪经典型地反映了中国本土的宗教需要。而伪观音经则集中表现了中土民众的观音信仰。伪经中后来流传广远的有《高王观世音经》,俗称《小观音经》。传说北魏国子博士卢景裕少聪敏,专经为学,东魏天平初还乡里,其从兄仲礼据乡作乱,逼其同反,以响应西魏宇文泰;次年,齐献武王高欢命都督贺拔仁讨平之。据说景裕"好释氏,通其大义,天竺胡沙门道悕每译诸经论,辄托景裕为之序。景裕之败也,系晋阳狱,至心诵经,枷锁自脱。是时又有人负罪当死,梦沙门教诵经,觉时如所梦,默诵千遍,临刑刀折,主者以闻,赦之。此经遂行于世,号《高王观世音》。"(《魏书》卷八四《儒林传·卢景裕传》)这部《高王观世音经》前面是赞叹佛法及佛、菩萨的赞词,接着是七佛世尊所说咒语,以下是八十字的偈文,中有"诵经满千遍,念念心不绝。火焰不能伤,刀兵立摧折。恚怒生欢喜,死者变成活"等语。这部经伴随着观音灵验传说形成，在民众中间有着强大的影响力。后来还不断出现这种伪观音经如《观音三昧经》等，在民众中广泛流通。

唐代金刚密法传入，随同传入了一批密教观音经和变形观音。密教本以神秘的经咒和仪轨为特色，其神祇具有无所不及的法力。众多形象奇异的变形观音是密法中的主要神明。密教经典中有《千手千眼观世音菩萨广大圆满无碍大悲心陀罗尼经》，异译有多种，后来流通的是伽梵达摩译本。该经宣扬千手千眼观音信仰，所附经咒俗称《大悲咒》。密教在唐代兴盛一时，但很快即趋衰落。可是形象绮丽的千手千眼观音却受到民众的欢迎，成为寺庙中供奉的观音的主要造型之一；而《大悲咒》也流通开来，诵《大悲咒》直到今天仍是中土寺院僧侣每天的基本功课。

观音化身示现的观念为创造新的观音形象敞开了大门。中土观音信仰在发展中更不断创造出新的变形观音。中土本来有女神信仰的传统，道教里就有许多女仙，加之观音这样的司普遍救济的菩萨吸引了大批女性信徒，这都促成了它被女性化。观音何时转变为女相目前迄无定说，但至迟到唐代已出现女性形象的观音则是可以肯定的，而到宋代这一变化已经完成。宋代以后，观音造像基本是女相的。这时流行起来的变形观音如杨柳观音、水月观音、送子观音等等，都是姣好女子的形象。到后来（大概在明代），根据"三十三观音"的概念，中土流行的变形观音又被组成不同于《普门品》的另一种"三十三观音"。在民众信仰的潮流中，观音已逐渐演变成赐福与乐保平安的民众宗教的俗神，而和道教神仙无异。实际上道教也确实把观音纳入到自己的神仙谱系之中了。在一般寺院大雄宝殿主尊佛陀背面，往往绘有南海观音图，观音脚下是善财和龙女。《华严经》里求菩萨道的善财童子被当做招财进宝的象征，他和龙女一起又表示礼拜观音则"求男得男，求女得女"。而民众间"送子观音"特别流行，众多妇女到各地观音道场祈求赐子或保佑子女安康，形成一些独特的风俗。这都十分典型地反映了民众信仰的实态。

这样，做为大乘佛教分支的观音信仰和净土信仰，在中国却发展为民众信仰的主要内容，从观念到形式都得到了独特、全面的发挥。结果是，主要流行于"在家"善男信女间的观音信仰和净土信仰，通过吃斋、念佛、檀施、供养等简易的、形骸化的礼佛敬僧的方式来求得现世福佑，在宋代以后佛教整体衰败的形势下，发展成民众佛教的主要形态，也集中表现了这一时期民众佛教的特色和发展趋势。

七　宗派佛教

随着佛典大量传译和中国僧俗研习、领悟的深入，佛教思想得到了普及和发展，佛教信仰也在民众中扎下了根。这个从外国移植来的宗教在中国思想文化的土壤中生长出新的根株枝叶。水土变易，橘化为枳。佛教逐步中国化，最后形成了中国化佛教。隋唐五代时期的宗派佛教就已完全是中国佛教，它与印度佛教已大异其貌。

六朝时期佛教义学学派的出现，是宗派佛教的滥觞。这些学派是以研究某一部经典有专长的义学沙门构成的，他们对佛教义学有独特的理解与发挥。例如传习《成实论》[①]的有"成实师"，传习《涅槃经》的有"涅槃师"[②]，还有"毗昙师"[③]、"地论师"[④]、"摄论师"[⑤]等等。这些学派的出现，说明中国人自己的佛教义学研究已

---

① 《成实论》二十卷，诃梨跋摩著，鸠摩罗什译。这是反映由小乘向大乘转变期思想的论著。
② 例如竺道生就是涅槃师的代表。
③ 毗昙师是研究有部《阿毗昙》(即阿毗达磨)的论师。
④ 《十地经论》十二卷，世亲著，北魏菩提流支译。
⑤ 无著《摄大乘论》有三种异译，真谛译三卷本、北魏佛陀扇多译二卷本、玄奘译三卷本。摄论师是唯识宗即法相宗的先驱。

达到相当高的水平。学派的形成对教理的深入探讨起了积极推动作用,学派间不同观点的矛盾斗争更促进了研究的活跃。

隋唐佛教各宗派的出现有一定的经济基础。六朝时期寺院经济已有很大发展,僧侣地主阶层逐渐形成。大的寺院构成了佛教的经济中心。经济利益的传承是佛教宗派建立宗法式传承关系的决定性原因。例如第一个佛教宗派天台宗的活动中心在天台山国清寺,那里就有朝廷所赐及施主贡献的大量土地。有的宗派传承短暂,如法相宗,与它主要活跃在长安寺庙中,经济基础薄弱有关。

各宗派的区别,不只在学理观点上有所不同,而且有从根本教义到修持方法等诸方面的系统的差异。如前所述,宗派的建立,各有其不同的"教相判释"(又称"教判"或"判教")为依据,即将传说的佛陀说法的一代言教组织成一个体系,然后确定哪一部经是佛陀最终的了义说法,并据此而确定它为立宗的典据。各宗派都有其解决佛教义学的基本问题的不同观点,这主要有缘起理论、认识论以及修证的重点与方法等等。特别是缘起的根据是什么,是以真如为缘起,还是以法界、阿赖耶识等等为缘起,这是决定一个宗派理论体系的根本问题。各宗派由此又确定互不相同的修习方法。

宗派佛教立自己的宗派为正统,对其他宗派或加以贬抑,或根本排斥。宗派自立宗主,又有自己的传法系统(实际宗主以前的传法统绪多是捏造的)。这反映了封建宗法关系的特色。宗派带有排他性和封闭性。这样,宗派佛教是中国佛教最具有特色、理论水平最高的时期,但其自身宗派性质又决定了它的衰落的前途。宗派佛教特有的理论体系,也使它失去了早期佛教在中国发展的那种柔韧的活力。

隋唐五代宗派佛教是中国佛教史上的高峰。以下简要地加以介绍。

天台宗:又称"法华宗"。这是中国佛教最早确立的宗派。开创者智颛，世称"智者大师"。智颛（538—597），俗姓陈，家居荆州华容（今湖北华容县），十七岁值梁末兵乱，家族离散，至荆州长沙寺发愿为僧；次年依湘州果愿寺法绪出家。后曾受学于慧思（515—577）禅师。陈太建元年（569）于金陵瓦棺寺开讲《法华经》，判释经教，奠定了天台宗的基础。后来受到陈、隋两代统治者的礼重。晚年入居天台山。入灭后，隋晋王杨广按其遗愿创建国清寺。天台宗义主要阐发于他的《法华经文句》、《法华经玄义》和《摩诃止观》三部书中。天台宗法系自龙树开始，经慧文、慧思到智颛，以下有灌顶、智威、慧威、玄朗、湛然，共九祖传承。智颛以前是追认，龙树开宗则是虚拟的。其判教是所谓"五时八教"。五时是把佛陀说法分为五个时期，即依次为华严时（讲《华严经》）、阿含时（说《阿含经》）、方等时（说《维摩》、《思益》、《楞伽》、《楞严三昧》、《金光明》、《胜鬘》等方等诸经）、般若时（说《般若经》）、法华涅槃时（说《法华经》、《涅槃经》），而以《法华经》为佛陀最高最后说法，从而确立它为立宗典据。这"五时"的划分当然是毫无历史根据的。所谓"八教"，是根据佛陀说法所用仪式与方法分为四种，即顿、渐、秘密、不定；又根据说法深浅分为四种，即藏、通、圆、别。前者叫化仪四教，后者叫化法四教，统称八教。八教配合于五时中的前四时，第五时是化导终极、最为圆满无上的教法。天台教义的中心是"诸法实相"理论，即一切事相都是法性真如的体现，故称"真如缘起"。智颛阐发这一理论，提出了"圆融三谛"、"一念三千"等主张。"三谛"是：一切事物都是因缘所起，是为"空谛"；但它们虽非永恒不变的实体，却有如幻如化的相状，是为"假谛"；而这二谛都不出法性，不待造作，是为"中道谛"。一切事物都即空、即假、即中，是为"圆融三谛"。又一心具有六道（天、人、阿修罗、地狱、饿鬼、畜牲）四圣（声闻、缘觉、菩萨、佛）十法界；十法界互相具备为百法界；《法华经·方便品》有究尽诸法实相的"十如是"：如是相、如是性、如是体、如是力、如是作、如是因、如是缘、如是果、如是报、如是本末究竟,此十如是配合百法界为千法界;每法界各具三种世间(五蕴世间、有情世间、器世间)。这样,整个宇宙就是三千种世间。而三千种世间统归于"一念心",此所谓"一念三千"。本宗的观行主张定(止)慧(观)双修,具体为"一心三观",即一法一切法,一切法一法,空、假、中三者交融不分。智顗以后,五祖灌顶(561—632)多有经疏,对弘扬天台思想很有贡献。至九祖湛然(711—782),号称"中兴台教",其所著有《金刚錍》等,提出"无情有性"新说,即砖礕瓦石等一切无情物亦有佛性。到11世纪初,天台分为山家、山外二派,以山家知礼(960—1028)影响较大。

三论宗:又称"法性宗"。学术界有人主张它只是学派,不是宗派;但它已具有宗派的一切特征。开创者为吉藏(549—623),俗姓安,原为西域安息人,先世移居南海。幼年时见真谛,为取名吉藏;后从法朗出家,博学多识,受到陈、隋、唐统治者重视。因住会稽(浙江绍兴市)嘉祥寺,称"嘉祥大师"。著述现存二十六种,主要有《中论疏》、《百论疏》、《十二门论疏》、《三论玄义》等。三论宗以二藏三轮判释一代佛教。所谓"二藏",即声闻藏和菩萨藏,也就是指小乘与大乘;所谓"三轮",即"根本法轮"《华严经》,"枝末法轮"从《华严》到《法华》的一切大、小乘经,"摄末归本法轮"《法华经》。此宗立宗以《大品般若经》为所依经,以《中》、《百》、《十二门》三论为所依论。其法系为龙树、提婆、罗睺罗、青目、须利耶苏摩、鸠摩罗什、僧肇……僧朗、僧诠、法朗、吉藏。在教义上,主要是继承和发展什译龙树中观学派思想和僧肇的学说。三论宗理论的核心是诸法性空的中道实相论,立破邪显正、真俗二谛和八不中道三种法义。"破邪显正"即破有所得,显无所得,破斥颠倒虚妄即是显示正道,这是发挥般若荡相遣执思想。"真俗二谛"是依据《中论》一偈:

诸佛依二谛,为众生说法:一以世俗谛,二第一义谛。[1]

---

[1]《中论·观四谛品》。

即是说,诸佛说法无论是俗谛还是真谛,皆非妄语。二谛都不过是立教上的方便,是为了让人把握超出空、有的诸法实相。"八不中道"即以《中论》中的不生、不灭、不常、不断、不一、不异、不来、不出的"八不"法门以明二谛之义,从这八个方面来了解缘起性空,使人认识非有非空、无所得、无所依的中道实相。吉藏门下成就突出的有智凯和再传弟子元康。

律宗:又称"南山律宗"、"南山宗"、"四分律宗"。开创者为道宣(596—667),俗姓钱,吴兴(浙江湖州市)人。曾受学于律学大家智首,精《四分律》,晚年长居长安终南山丰德寺,又曾入玄奘译场,参与润文。道宣著有关于《四分律》的钞疏多种,又撰有佛教史上的名著《广弘明集》三十卷、《续高僧传》三十卷、《大唐内典录》十卷等,是有名的佛教史家与著述家。前已指出,中土所传律有四种,即说一切有部的《十诵律》、法藏部的《四分律》、大众部的《摩诃僧祇律》和化地部的《五分律》,而以《四分律》传习最广。道宣以为《四分律》虽出于小乘,但观念上属于大乘。他在终南山开创戒坛,即依此制定受戒仪式。其判教分为化教和制教,以定、慧为化教,戒为制教。化教又分性空教、性相教、唯识圆教,以唯识教义为大乘深教;制教又分实法宗、假名宗、圆教宗。而律宗在三教、三宗中属唯识圆教宗。律宗的研究重点在戒律,其教义的特点即在对戒学的认识上。它对化教的区分方法与其他宗派判教无大不同;其特殊处在制教的区分上,它是从戒体的不同着眼的。所谓"戒体",即弟子从师受戒时领受于心的法体,道宣认为唯识学中所说阿赖耶识所含藏种子为戒体。律宗在修习上特别着重执戒。它建立戒、定、慧三学圆融互摄的学说,而重点在持戒,认为可以包括前二者。又把持戒分为二门:止戒和作戒。"止戒"是防犯的戒律,"作戒"是关于受戒、说戒、安居以及衣、食、坐、卧的规定。律宗的意义不仅在宗派自身,对整个中国佛教中的律学影响深远。道宣门下弘景的弟子鉴真(688—763),应日本僧人之请浮海东渡,弘传律藏于日本,是中日文化交流史上的佳话。

慈恩宗:又称"法相宗"、"唯识宗"。开创者为玄奘和窥基师弟子。玄奘见前。窥基(632—682),俗姓尉迟,京兆长安(今陕西西安市)人。玄奘自印度归国后,注意物色、培养人材,他是被选中者之一。贞观二十二年(648)受度为玄奘弟子,以后一直参与玄奘译经与著述,为门下第一高足。玄奘糅译护法等印度十大论师解释《唯识三十颂》的著作而成《成唯识论》,即出自他的建议,他并亲任笔受。玄奘著述所存不多,而他著有《成唯识论述记》、《成唯识论枢要》等论疏,有"百本疏主"之称。所以他对于慈恩一宗的建设有特殊贡献。慈恩宗尊奉印度大乘佛教中期瑜伽行派弥勒、无著、世亲等一系法统,以"一本"(《瑜伽师地论》)、"十支"(无著《显扬圣教论》、《摄大乘论》、《分别瑜伽论》、《大乘庄严经论》、世亲《百法明门论》、《五蕴论》、《辨中边论》、《唯识二十论》、《唯识三十颂》、安慧《阿毗达磨杂集论》)为典据。在判教方面,依据《解深密》等经,《瑜伽师地》等论,判释迦一代教法为有、空、中道三时。第一时破除我执,说《阿含》等经,说四谛、十二因缘、五蕴等法,为初说我空之时;第二时进一步破除法执,说《般若》等经,开示诸法皆空;而第三时说唯识无境,即心外法无,内识非无,离有、无边,是为中道,这是识有境空的了义说法。在各宗派的教相判释中,慈恩宗是最为符合印度佛教思想发展的历史程序的;但为了树立宗教权威,只能把这个过程转移到教主的一生中。慈恩宗教义的中心是八识三自性说。这基本是从印度移植来的,前面介绍印度佛教时已有所说明,这里再结合瑜伽行学派在中国的发展加以补充。慈恩宗主张第八识即阿赖耶识缘起,认为阿赖耶识中蕴藏有变现世界万法的种子即潜能,是为缘起的依据。种子分染、净即有漏、无漏两种。有漏种子为世间诸法之因,无漏种子为出世间诸法之因。经熏习转依,可由迷而悟、由染而净,从而转识成智,达到修习的目的。"三自性"是概括全部教义的另一种方式。即诸法实相从本性上看有两个方面：虚妄分别与空性。依分别的自性为依他起自性，即一切现象是众缘所引心、心所的虚妄变现；依分别的境是遍计所执自性，即周遍计度虚妄分别而立我、法二执；依空性说是圆成实自性。由依他起而有、以心识为因缘的诸境，执为实有，就是遍计所执；排除了这种虚妄分别，体认唯识无境才是圆成实。这是唯识无境的证明。另外，慈恩宗传译了印度因明，并对因明作法有所发展。因明在中国的传播，主要是这一派的贡献。玄奘弟子除窥基外，还有神昉、嘉尚、普光等。慈恩教义基本上是传述印度思想，义理上又非常繁琐，因而从法系上看二传而绝。但由于它反映了大乘佛教发达期佛教哲学的丰富成果，在理论上达到了前所未有的高度，其影响却是很深远的。其思想理论成果为此后一些宗派所吸收。直到19世纪末20世纪初，仍有龚自珍、谭嗣同、章炳麟以及杨仁会居士等人研究和提倡唯识，一时有复兴之势。熊十力提倡"新唯识论"，也有一定影响。

净土宗：又称"莲宗"。善导（613—681）被认为是创始者。他俗姓朱，临淄（山东淄博市）人。早年亲慕东晋慧远结社高风，曾巡礼庐山遗迹，云游各地；后于长安弘传念佛法门，弘扬净土信仰。著有《观无量寿经疏》、《往生礼赞》、《观念法门》等。此宗法系按《佛祖统纪》为：慧远、善导、承远、法照、少康、延寿、省常。但这里所列各祖多是弘扬净土法门的著名人物，而没有学说上的承传关系。自《无量寿经》、《阿弥陀经》传译中土，西方阿弥陀净土信仰逐渐传播开来，成为民众修习的重要法门。净土宗名称是宋代才确立的。如果说慈恩宗以义理繁复为特色，那么本宗理论色彩则很淡薄，以信仰实践为重点。其所依典据为"三经"一论，即《观无量寿经》（一卷，简称《观经》，刘宋畺良耶舍译）、《无量寿经》（二卷，简称《大经》，三国魏康僧铠译）、《阿弥陀经》（一卷，简称《小经》，鸠摩罗什译）和世亲《往生论》（一卷，亦称《净土论》，北魏菩提流支译）。前已指出，东晋时慧远已与信佛士大夫结社，发愿往生西方。至南北朝后期,在社会动荡不安的局势中,这种鼓吹它力救济、允诺来生福利的信仰广泛流行开来。时有东魏汾州玄中寺沙门昙鸾作《往生论注》,其主旨以为"自力"解脱甚难,提倡乘佛愿力往生净土;方式是一心专念阿弥陀佛号,死后即得往生。善导所传即此种净土法门。此宗宗义以念佛行业为内因,以佛陀愿力为外因,往生极乐净土。而修行法门则主要是念佛,其中又分称名念佛、观想念佛、实相念佛种种。而行业又分正行、杂行。正行即依净土三部经修行,杂行即奉行一切诸善。这种教法简单易行,又非常普及,因而易于在广大群众中传播。善导以后,弘扬净土的代有其人。而其他宗派也有宣传净土信仰的。宋代以后,禅、净双修成为中国佛教的主流;在民间,净土信仰是佛教信仰的主要内容之一。

华严宗:又称"贤首宗"。创始人是法藏(643—712),康居国人,祖上侨居长安,曾从智俨习《华严经》。二十八岁出家,后奉诏讲《华严经》,称"贤首国师",又曾佐实叉难陀译《八十华严》等,深受武后、睿宗信任,以此大振华严宗风。著作有《华严经探玄记》、《华严经旨归》、《华严一乘教义分齐章》、《华严经金狮子章》等。华严宗以五教十宗判教。所谓"五教"即小乘教(说《阿含》等经,《僧祇》等律,《发智》等论)、大乘始教(空始教《般若》等经,《中》、《百》、《十二门》等论;相始教《解深密》等经,《瑜伽》、《唯识》等论)、大乘终教(《楞枷》、《密严》、《胜鬘》等经,《起信》、《宝性》等论)、顿教(《维摩经》等)和圆教(即《华严经》);"十宗"指我法俱有宗、法有无我宗、法无去来宗、现通假实宗、俗妄真实宗、诸法但名宗、一切皆空宗、真德不空宗、相想俱绝宗、圆明具德宗。以十宗配合五教,以《华严经》为圆教、圆明具德宗,是为最高至胜的教法。华严宗的法系一般作杜顺、智俨、法藏、澄观、宗密。本宗教义的核心在法界缘起,即一真法界是世界一切现象的本源。宇宙万法依持诸缘都是相即相如,圆融无碍,如因陀罗网重重无尽。具体解释法界缘起,有四法界、六相圆融、十玄缘起诸义。"四法界"即事法界,指世俗认识,即事物的差别性;理法界,即佛智所见现象的共性、空性;理事无碍法界,即事、理、性、分相互彻入;事事无碍法界,即相即相入、互相包含、互相反映、重重无穷的佛智最高境界。"六相"指法界缘起的表相的六个方面,即总相,别相;同相,异相;成相,坏相。六相两两相顺相成,互相具足。缘起法又分十玄门,即同时具足相应门、因陀罗网境界门、秘密隐显俱成门、微细相容安立门、十世隔法异成门、诸藏纯杂具德门、一多相容不同门、诸法相即自在门、唯心回转善成门、托事显法生解门①。华严宗的观法即所谓法界观,分为三重,即真空观、理事无碍观、周密含容观。三重法界观与四法界相符合。本宗又依据《华严经》发挥了佛土佛身论和修行阶位论,宣扬毗卢遮那佛为通三世间而具十身的绝对佛体,众生修行则要经过由浅入深的阶位历然的次第。华严教义的严密的体系,到四祖澄观(738—839)最后完成。五祖宗密(780—841)又是禅宗大师,著有《禅源诸诠集》、《原人论》等,进一步调和佛教各宗和佛、儒、道三家,是中唐思想史上的一位重要人物。华严宗系统的本体论思想,是宋代理学"理一分殊"观念的重要来源。

密宗:又称"真言宗"、"密教"、"瑜伽密教"、"金刚乘"。其创始人是自印度来华的善无畏及其弟子一行。善无畏(637—735),中印摩揭陀国人,唐玄宗开元四年(716)到达长安,被礼为国师。一行(683?—727),俗姓张,魏州乐昌(今河南南乐县)人,博览经史,遍访名师,又是有名的天文学家。开元五年(717),善无畏在一行帮助下译出密教经典《大毗卢遮那成佛神变加持经》即《大日经》,一行亲自传讲,撰成《大日经疏》,是为中国汉地密宗传授之始。他

---

① 此为智俨《华严一乘十玄门》所倡,称"古十玄"。法藏在《华严五教章》中加以改变,在名称、顺序上有所不同,为"新十玄"。

所传授以胎藏界密法为主。所谓"胎藏",即认为宇宙万有皆为大日如来的显现,它隐藏在烦恼之中,故喻如胎藏。《大日经》把胎藏界用图绘出,成胎藏界曼荼罗。在善无畏来华后的第四年即开元八年,南印密教高僧金刚智(669—741)携弟子不空(705—744)经南海来华,在西京弘传金刚界密法,译出《七俱胝母准提大明陀罗尼经》等,不空则译有《金刚顶经》等。所谓"金刚界",是强调大日如来的智德方面,如金刚一样无有法可破坏,又能摧破一切烦恼。把金刚界用图绘示,成金刚界曼荼罗。善无畏、金刚智、不空后称"开元三大士",在他们的弘扬之下,在玄、肃、代三朝,密宗兴盛一时。印度佛教中本有古密教,提倡经咒,重视仪轨,中国自支谦以来早有传承。如前所述,瑜伽密教则为大乘佛教后期的产物。本宗法系为大日如来、金刚萨埵、龙树、龙智、金刚智、善无畏,主要典据是《大日经》(胎藏部)和《金刚顶经》(金刚部)。基本教义认为组成包括佛的宇宙的万物分色法与心法,色法属胎藏界,心法属金刚界,色、心不二,胎、金为一,皆俱众生心中。其修习方法有复杂神秘的仪式,设曼荼罗道场,诵咒,灌顶等。又有秘密传授的三密加持即手结印契、口诵真言、心观佛尊,作到身、口、意三业清净,即得成佛。不空弟子有青龙寺惠果等,其法系两代即告衰微。这种以印度佛教衰微期信仰实践为依据的宗派,在中国高度发达的文化环境中是难以发展的。密法被日本入唐学僧东传,得到广泛流传与发展。

以上介绍的佛教各宗派,教义上、修持方法上以及传法体系上各不相同,但都以佛典经论为依据。就是说,都宗主佛陀的言教,尽管对言教的理解有所不同。而唐代还形成了另一个宗派,自诩为不立文字、以心传心的教外别传,这就是禅宗。禅宗是完全革新的中国佛教,因此很快地得到普及。它又称为"禅门",相对地一般佛教宗派统称为"教门"或贬称为"教下"。

八　禅宗

　　宗派佛教是印度佛教在中国土壤上的变种,是佛教"中国化"的产物。升华为宗教思想的观点、理论,不过是时代意识的曲折反映而已。这就是之所以不能从宗教中去寻求世俗社会变动的原因,而要从社会变动中去寻求宗教发展变化的原因。中国的现实条件孕育了完全中国化的佛教——宗派佛教;同样是时代的发展促成了佛教中的巨大变革——出现了禅宗。

　　禅宗,又称"佛心宗",传说的创始人是印度来华僧侣菩提达摩(后作"磨")。实际的创始人是道信、弘忍。至弘忍弟子神秀与慧能,观点出现分歧,到慧能弟子神会明确分立为北、南二宗。后来慧能一系的南宗禅法大盛,在诸宗中长期保持一枝独秀之势。

　　禅宗自身把法系推至佛陀。后来禅宗假托一个"教外别传"的传说,说佛陀一日在灵山会上,拈花示众,众人尽莫能解,唯弟子大迦叶破颜微笑,佛陀说:

　　　　吾有正法眼藏,涅槃妙心,实相无相,微妙法门,不立文字,教外别传,付嘱摩诃迦叶。①

迦叶遂为西天初祖。南宗禅又造出一个经二十七传到菩提达摩的传法统绪,达摩为西天二十八祖,即东土初祖。菩提达摩(? —536)实有其人,曾经在北魏传禅法,事迹见于杨衒之《洛阳伽蓝记》和道宣《续高僧传》,均很简略。后来禅宗灯史上说他曾见梁武帝,在少林寺"面壁九年"、"只履西归"等,都是传说。在敦煌文献中还

————————

① 《五灯会元》卷一。

发现几篇《达摩论》，并非他的著作。只有今传《二入四行论》是其真实教法，据唐人净觉传述说：

> 夫入道多途，要而言之，不出二种，一是理入，一是行入。理入者，谓藉教悟宗，深信含生凡圣同一真性，但为客尘妄覆，不能显了。若也舍妄归真，凝住壁观，无自他，凡圣等一，坚住不移，更不随于言教，此即与真理冥符，无有分别，寂然无名，名之理入。行入者，所谓四行，其余诸行，悉入此行中。何等为四行？一者报怨行，二者随缘行，三者无所求行，四者称法行……①

以此四行万行同摄，达到理事兼融、苦乐无滞的境界。达摩的这种思想，在中国禅思想发展中占有重要位置。按禅宗史，达摩传慧可，慧可传僧璨（或作"粲"），僧璨传道信，道信传弘忍（此法系中僧璨的位置不可尽信）。到了弘忍，禅宗的教义才真正明确起来。

　　禅（Dhyāna），又译"禅那"，意译为"思维修"，或音意合译为"禅定"，本是古印度宗教中流行的一种修行方法。后来被纳入佛教。"八正道"之一的正定即指禅定，是指通过内心专注一境的办法来达到对"真实"的体认。大乘佛教修习的"六波罗蜜"中，禅定是其中的一项。佛教在中国的传承中，禅籍是最早传入中土的经典的一部分。鸠摩罗什传译的龙树、提婆中观学派，也要求通过禅定获得般若正智，悟得"八不缘起"与诸法实相。禅、慧双修是中国佛教的一个特征，习禅在中国有长久广泛的弘传。在达摩以前，慧远和竺道生对发展禅观均有较大贡献。慧远主张神不灭论，他主张人对于这不灭的神的契合即靠禅悟；而竺道生提出的众生悉有佛性、顿悟成佛的新义，更开禅宗的先河。

---

① 《楞伽师资记》。

在译经方面，大乘中期如来藏思想的传译，为禅宗作了理论准备。刘宋元嘉二十年（443），求那跋陀罗在宝云、慧观帮助之下译出四卷《楞伽经》，这是一本专讲禅法的书。其中卷二分禅为四种，即愚夫所行禅、观察义禅、攀缘禅和如来禅；卷三又讲到宗通与说通，宗通通过领悟通达宗旨，说通借助说法施行教化。这部经的教理依据是如来藏思想，即一切众生心藏有本来清净的如来法身，即是说众生悉有清净佛性。后来真谛介绍唯识阿赖耶缘起理论，主张八识中清净种子可以转依；又译署为马鸣所著《大乘起信论》，分心真如门和心生灭门，都是肯定内心本具的清净佛性是成佛正因①。这样，外来佛教的禅在中土的传承，特别是禅思想在中国的发展，给禅宗的形成提供了教理上的依据。

禅宗的建立，又是儒、释交流的结果。六朝人调和儒、释，往往强调儒以治外，佛以治心。刘宋何尚之对答宋文帝说：

> 范泰、谢灵运每云：六经典文，本在济俗为治耳。必求性灵真奥，岂得不以佛经为指南耶？

佛教强调人的内心觉悟，因此对心性问题特别重视。大乘佛教中期在这方面做了更广泛、深入的探讨，发展了众生"悉有佛性"的涅槃佛性学说。而在中国古代思想传统中，也有富于现实性的人性论，主要是儒家思、孟一派的心性思想：主张人性本善，仁、义、礼、智四德之端与生俱来，人皆有之；每个人只要尽心、知性，反求诸己，则合乎天道而作贤成圣。集中反映这一派观点的《礼记·中庸》里，提出"诚者不勉而中，不思而得，从容中道，圣人也"，主张内心的"诚"能够直契"道"的根本。而这种"正心诚意"观念奠基在现实的个人身上，认为不假外求的人性回归就可达到作贤成圣的理想。这种思想显然与大乘佛教涅槃佛性学说相通，作为禅宗的资

---

① 《大乘起信论》，有陈真谛和唐实叉难陀两种译本。有的学者认为非马鸣所作，为中国人撰述。

源,成为熔铸其宗义体系的构成部分。禅宗思想就这样深深扎根在中国传统思想基础之上,容易被中国知识精英所接受,成为适应士大夫观念的佛教。

禅宗标榜"不立文字,教外别传,直指人心,见性成佛",实则还是离不开教理上的依据。相传达摩以四卷《楞伽》咐瞩慧可。六朝末有一批专门研习《楞伽经》的"楞伽师",《楞伽经》是早期禅宗的基本典据。到六祖慧能则更重视《金刚经》。《涅槃经》、《维摩经》、《如来藏经》、《大乘起信论》等经、论也给禅宗宗义形成提供了理论上的借鉴。禅宗在吸纳这些资源的基础上,又着意"推陈出新"、摆脱传统经教的束缚,取简单、直截的姿态,力图直契佛陀创教的本怀。禅宗发挥原始佛教以来的"心性本净"一派思想和大乘涅槃佛性学说,主张众生自性本来清净,这自性清净心就是佛心;"自性自度",则自成佛道。早期的"北宗"还承认"迷"与"悟"的区别,因而要求"修心"、"净心",实现觉悟的过程;发展到"南宗",则认为真正的解脱不假外求,就在对"自性"的觉悟。这就把全部烦难的修证简化为"认识自己"的对于"自性清净"的觉悟。又南北朝时期佛教大发展,形成重大弊端:在教内,高级沙门和贵族居士钻研外来经、论,形成繁琐艰难的义学师说,造成严重的教条化、经院化、脱离信仰实践的倾向;另一方面在南、北朝廷和贵族支持下,寺院经济膨胀、僧团腐败严重。而禅宗形成于社会底层,无论是宗义、组织还是活动都成为这种潮流的反动,体现鲜明的革新性质,近代学者视之为一次宗教"革命"。

禅宗作为革新宗派有个形成和发展的过程。从总体看,其宗义是逐步深化的,而其变化则与现实社会的思想潮流相呼应,体现时代发展的要求。

第一阶段作为创始期,后来称为"北宗"的时期,代表人物是道信、弘忍及其弟子神秀。唐初,道信(580—651)在蕲州黄梅县(今湖北黄梅县)双峰山创建禅院,接引学徒,后来被确定为"四祖"(达摩—慧可—僧粲—道信),是禅宗的实际创建者;弘忍(601—674),俗姓周,黄梅本地人,从道信出家,永徽二年(651),道信圆寂,他在黄梅双峰山东冯茂山另立东山寺,扩展规模,徒众达七百人,声名大噪,称"东山法门"。神秀(606—706),俗姓李,汴州尉氏(今河南尉氏县)人,从弘忍出家,为东山寺上座;弘忍去世,他到荆州当阳山玉泉寺弘法,学者众多。他得到朝廷重视,武则天久视元年(700),以九旬高龄被招请到东都洛阳,受到朝野钦重。这一系的宗义,重在"修心"。弘忍说:

> 诸佛只是以心传心,达者印可,更无别法。[①]

《楞伽师资记》描述他萧然静坐,不出文记。到神秀,提出更系统的思想纲领。他比喻心如明镜,须勤勤拂拭,清除污染,这就是所谓"凝心入定,住心看净,起心外照,摄心内证"[②]。这样,就廓除了一切经典教条和烦难修证,把佛性的实现变成了心性修养功夫,把彼岸的追求变成了现实的理想。不过在这种理论中,一般人的平常心仍与清静心截然为二。平常心不是清净心,清净心是修习的目标,平常心转化为清净心要一番渐修的过程。这实际和《起信论》中的生灭心转化为真如心、唯识学中的转识成智的道理相通。

第二阶段以弘忍弟子慧能及其弟子神会为代表。慧能(638—713),俗姓卢,河北范阳(今河北涿州市)人,随父谪官至岭南新州(今广东新兴县)。后慕弘忍东山法门禅法,于龙朔元年(661)到黄梅东山寺为踏碓行者。相传,一日弘忍命弟子书偈以呈示禅解。神秀为上座、"教授师",自以为悟解圆深,遂书偈于壁曰:

> 身是菩提树,心如明镜台。时时勤拂拭,莫使有尘埃。

---

① 《宗镜录》卷九七。
② 见神会《答崇法师问》。

这讲的仍是"净心"的渐修之道。慧能则制偈加以驳难：

> 菩提本无树，明镜亦无台。佛性常清净，何处有尘埃。①

其悟解得到弘忍印可，弘忍遂付法传衣。为避免嗣法之争，命其返回岭南。慧能隐遁于四会、怀集十余年，后归曹溪宝林寺说法。这段付法因缘有传说成分，特别是书偈故事更像是后人附会，但大体情节应有史实依据。又现有慧能说法记录《坛经》一卷，是后来南宗禅的典据，今存诸异本中最早出的敦煌本大约是中唐时期写定的。本书历代续有增饰，以敦煌本最接近慧能思想原貌。神会（684—758），俗姓高，湖北襄阳（今湖北襄阳市）人，童年习"五经"、《老》、《庄》，皆有造诣，曾从神秀在荆州玉泉寺习禅法。久视元年（700），神秀应诏北上洛阳，他南下曹溪，受到慧能器重，然后广泛游学，终从慧能受记。慧能死后，他到中原活动，使慧能禅法北传，并于开元十八年至二十年（730—732）滑台（今河南滑县）无遮大会上，建立南宗顿教宗旨，从此禅门中南、北二宗分立。天宝四载（745）入居东都荷泽寺，使曹溪法门大播于洛阳而流行天下。"安史之乱"时他曾募香火钱以助军需。其说法记录今存敦煌本《南阳和尚问答杂征义》（胡适定名为《神会和尚语录》）、《菩提达摩南宗定是非论》等，这是最可靠的南宗禅资料之一；其所弘传禅法称"荷泽宗"。南宗禅以"见性"和"顿悟"为两大纲领。所谓"见性"，就是见自性本自清净。《坛经》上说：

> 自性常清净。日月常明，只为云复盖，上明下暗，不能了见日月星辰。忽然惠风吹散卷尽云雾，万象森罗，一时皆现。

《神会语录》上说：

> 众生心即佛心，佛心即众生心。

---

① 见慧能《坛经》（敦煌本）。

这样,就把每个人的平常心与清净心统而为一。这种自性清净心本自具足,与见闻知觉无关。因此像北宗主张的那样看心看净,都是障道因缘。体道只要顿悟即可,不须要勤勤拂拭地渐修。《坛经》说:

> 佛是自性作,莫向身外求。自性迷佛即众生,自性悟众生即是佛。

佛与众生只有悟与未悟的区别。这样就有所谓"立地成佛"、"回头是岸"之说。顿悟则无修、无作、无念。随所住处恒安乐,随其心净则佛土净,一切计较思虑都是不必要的。这样又把正心诚意的修养变成了人性的自然复归。

第三个阶段以马祖道一和石头希迁为代表,这个时期大体相当于历史上的中唐。慧能弟子著名的有青原行思(?—740)、南岳怀让(677—744)、荷泽神会、南阳慧忠(?—779)和永嘉玄觉(665—717)等人。神会在确立南宗宗旨、奠定其发展基础上起了决定性的作用。但以后荷泽一系并未大显,得到弘传的是青原、南岳二系。二系中最重要的人物是南岳怀让弟子马祖道一和青原行思弟子石头希迁。道一(709—788),俗姓马,汉州什邡(今四川什邡市)人。受法于南岳怀让,先后在建阳佛迹岭、南康龚公山、钟陵开元寺等地说法,被尊为"马祖";弟子知名者有百余人,称"洪州宗"。希迁(700—791),俗姓陈,端州高要(今广东高要市)人,曾受法于慧能及其弟子行思,后往南岳衡山南寺,称"石头和尚"。他与道一一主湖南,一主江西,称并世二大士。青原一系和南岳一系的禅风有所不同,前者更重视哲理的思辨,着重发展禅思想;后者则更重视实践,使禅贯彻到人生日用之中。而这一时期的禅的特点,则是对平常心的肯定。慧能与神会讲自性清净心,把佛心归结到凡人的心,但却仍有"悟"与"未悟"之别。就是说,未悟的平常心还不是佛心。但到了道一、希迁及其弟子们,则直指平常心就是清净心。他们提出所谓"平常心是道"。行住坐卧，应机接物，穿衣吃饭，莫非佛道。因此道不要修，不仅礼佛、读经等等是无益的，就是存有求道成佛的一念也是错误的，以至发展到背离经教，呵佛骂祖。马祖法嗣南泉普愿提出"还我本来面目"；百丈怀海说求佛人是"骑牛觅牛"；兴善惟宽说"心本无损伤，云何要修理"。有的禅师认为佛陀说法不过是用黄叶代钱止小儿啼，佛经则如眼中金屑，虽宝终为病[①]；石头希迁法嗣丹霞天然说"成佛之一字，永不喜闻"，曾在慧林寺取木佛烤火[②]，等等。因为他们认为平常心就是佛心，所以每个人都要自作主人公，作唯我独尊、不受外惑的人。禅发展到这一阶段，又把心性修养功夫变成了任运随缘的生活。这就使得禅门中的一派戒律荡然，禅徒混迹世俗，出现了诗僧、艺僧、孝僧等各等人物。禅僧与官僚士大夫也得以更广泛地结交。以至百丈怀海等人不得不为禅门立清规加以整顿[③]。禅宗的这一发展，实际是中唐思想变动的表现。当时正处在封建社会由前期向后期的社会大转变时期，儒学内部正在对古旧的传统进行批判改造。禅宗如此纯任主观、肯定个性、反对教条和偶像，无疑是在宗教形式之下表现出的思想解放的要求，是当时整个思想战线上很激进的部分。只是宗教的形式限制了它的影响与生命力。

　　第四个阶段是自晚唐到宋初，这是南宗禅分裂而形成为"五家七宗"的时期。自弘忍开创的禅宗，发展到中唐时期思想最为活跃，最有创造性。当时的禅风具有开放性、群众性、哲理性与实践性的特色。但到了晚唐，禅风又有所转变，这即是禅的贵族化与形式化。马端临曾指出：

---

①见《五灯会元》卷三。
②同上卷五。
③怀海所撰《禅门规式》即《古清规》已佚，今传《敕修百丈清规》八卷是元代编
　定的。

　　　　尝考其世，皆出唐末五代兵戈极乱之际，意者乱世聪明贤
　　豪之士，无所施其能，故愤世疾邪，长往不返。而其名言至行，
　　譬犹联珠叠璧，虽山渊之高深，终不能掩覆其光彩而必辉于
　　外也。①

这实际是说，时代的衰败，使许多官僚士大夫不得已而遁入禅门；
而当时凋敝的形势，又没有孕育新鲜有生机的思想意识的可能。
这样禅就走向它的反面，建立起一套独特的言句形式，而法系上的
斗争则愈演愈烈，遂形成了"五家七宗"。所谓"五家"，即自南岳系
分立的沩仰宗和临济宗，自青原系分立的曹洞宗、云门宗、法眼
宗②。沩仰宗的创始人是沩山灵佑（771—853）和仰山慧寂（807—
883），此宗主要活动在今湖南、江西。临济宗的创始人是临济义玄
（？—867），此宗主要活跃于今河北，以镇州（今河北正定县）为中
心。曹洞宗的创始人是洞山良价（807—869）和曹山本寂（840—
901），此宗主要活动在今江西。云门宗的创始人是云门文偃
（864—949），此宗主要活动在今岭南一带。法眼宗创始人是法眼
文益（885—958），主要活动在今江苏、浙江一带。到了北宋时期，
临济宗又分立为杨岐、黄龙二派。杨岐派的创始人是杨岐方会
（992—1048）；黄龙派的创始人是黄龙慧南（1002—1069）。到南
宋，只临济、曹洞二宗传承较盛，其余各宗皆先后衰微。五家七宗
在教义上没有什么大的不同，就是说对以前禅宗思想成果没有什
么大的发展。其分歧主要表现在接引学人方式上，而他们之间的
共同点倒是很多的。从他们的社会基础上，禅宗早期本来比较接
近民众，当年弘忍、慧能都是在远离权力中心的僻远地区开始活动
的。后来虽然有些禅师进入了社会上层，但广大禅僧是接近民间
的。中唐的禅思想反权威的特色很明显。百丈怀海的《古清规》规

————————

①《文献通考》卷二二七《经籍考五十四》。
②一说云门、法眼亦出南岳系。

定"作务"即禅师参加劳动制度,提出一日不作一日不食。禅师们主要游行于民间以求生。但到了五家七宗时代,却大多托庇于地方权势之下。例如临济宗在河北三镇之一成德镇所在地的镇州,得到割据军阀王氏一族的支持;法眼宗则受到南唐李氏、吴越钱氏的庇护,就是例子。到北宋时期,贵族官僚中的居士阶层广泛习禅,因此禅宗各派也受到朝贵的支持与援助。阶级基础的转变,不能不改变了禅的倾向。就禅的思想价值说,前期禅思想新颖,见解独创,富于批判精神和肯定个性的因素。因此其思想观念是站在时代思想的前列的。而到了后期,禅不再注重思想的创造,而转化为说"公案"、斗"机锋"的文字禅。禅宿为接引学人常利用一些话头来截断常识情解,这些前辈故事成了参悟对象,如官吏断案一样可以测量学人水平,所以叫作"公案"。而禅师与弟子间互相测试、启发、对问,又用一些言句进行勘问辩难,对答中显示各自禅解的高超,此之谓"机锋"。禅门间形成了上千个公案,说公案、斗机锋成为风气。结果"不立文字"的禅却变得最讲究言句文字。五家七宗各自总结这方面的经验,提出了一系列的公式,如临济宗的"四料简"、"四照用",曹洞宗的"五位君臣",云门宗的"三种句"和"一字关"①等等。这样,形式上最为活泼自由的禅却变成僵化、教条的东西了。禅风的这种转变,是禅宗衰落的表现。

　　禅宗是各宗派中具有强大生命力、影响深远的一个宗派,它的

①临济宗的"四料简",是指根据学徒不同根器而选择不同教授方法,"料简",是度量简别之意,四料简即:夺人不夺境,夺境不夺人,人境俱夺,人境俱不夺。"四照用"是根据参禅者对主体的认识("照")和对客体的认识("用")不同而采取不同的教授方法,"四照用"是:先照后用、先用后照、照用同时、照用不同时。曹洞宗的"五位君臣",是以君臣为喻,说明真如本体与现象之间的"正"、"偏"、"兼"的关系,"五位君臣"指正位、偏位、偏中正、正中偏、兼带。"云门三句"是云门宗的教学方法,即涵盖乾坤句、截断众流句、随波逐浪句。又云门接引学人利用一字,谓"一字禅",或"一字关"。禅宗各宗派的这些接引人的方法,由宗派创始人提出后,门徒又有所发展,形成不同的说法。

衰微表明中国佛教已度过了它最兴旺的阶段。此后佛教虽延续发展，直至今日，但其往日的兴盛形势却不复振起了。

九　灭佛与反佛

　　前面讲六朝佛教时，已涉及到反佛问题。那里讲的是护法与反佛的理论之争。这一节介绍中国历史上统治阶级利用政权的力量灭佛和士大夫阶级反佛情形。

　　魏晋以来，佛教势力的扩张，不仅引起了意识形态方面的冲突，更造成了僧侣阶层与世俗政权和世俗地主阶级在经济、政治利益上的矛盾。在中国的条件下，一般这种矛盾是得到调节的。但在个别时期，却酿成了尖锐的冲突，造成了酷烈的灭佛事件。特别是掺杂上道教与佛教的矛盾，往往也是使冲突激化的原因。

　　中国南方佛教重义理，东晋以后，恰与士大夫间清谈玄风相结合，因此佛教与反佛力量间多进行言论上的争执；北方佛教重修持，特别在文化较落后的少数民族政权统治下，信仰实践易于发展，人们竞作功德，大修塔寺，往往形成佛教与世俗权力间实际利害的冲突，所以反佛的激烈行动多发生在北方。

　　北魏拓跋氏自道武帝拓跋珪与晋室通聘，即崇信佛教。经明元帝拓跋嗣，到太武帝拓跋焘即位，富于春秋，锐志武功，在道士寇谦之（365—448）和司徒崔浩影响之下，不信佛法。太平真君七年（446）盖吴反于杏城，关中骚动。太武帝西伐至长安，于长安某寺内观马。从官见其中大有弓矢矛盾。帝谓与盖吴通谋，案诛一寺，并下诏曰：

　　　　彼沙门者，假西戎虚诞，妄生妖孽，非所以一齐政化，布淳
　　德于天下也。自王公已下，有私养沙门者，皆送官曹，不得隐

匿。限今年二月十五日，过期不出，沙门身死，容止者诛一门。

时恭宗为太子监国，素敬佛道，频表谏，不听，乃下诏灭佛，其略曰：

> ……叔季之世，暗君乱主，莫不眩焉，由是政教不行，礼义大坏，鬼道炽盛，视王者之法，蔑如也。自此以来，代经乱祸，天罚亟行，生民死尽，五服之内，鞠为丘墟，千里萧条，不见人迹，皆由于此……有司宣告征镇诸军、刺史，诸有佛图、形像及胡经，尽皆击破焚烧，沙门无少长悉坑之。①

此次毁佛，虽由于有信佛的太子拓跋濬加护，缓宣诏书，使多数沙门逃匿；但土木宫塔，尽皆毁弃。后四年，崔浩诛死；至太武帝死，文成帝拓跋濬即位（452），佛教又得以恢复。

取代西魏而兴的北周王朝，本崇佛教。明帝宇文毓时曾大建寺院，广度僧尼。但到武帝宇文邕即位（561），重儒术，信谶纬。还俗沙门卫元嵩于天和二年（567）上书请省寺僧，得到赞许。又自天和（566—572）到建德（572—578）间，武帝七次集百僚及沙门、道士辩论三教先后、浅深、异同，意欲借此排斥佛教。建德三年（574），武帝大集群臣，命道士张宾与沙门辩论，遂斥佛教不净。五月十五日下诏，断佛、道二教：

> 经象悉毁，罢沙门、道士，并令还民。并禁诸淫祀，非祀典所载者，尽除之。②

佛、道被命还俗者二百余万人。又立通道观，简取佛、道名人百二十人为“通道观学士”，置官吏统领，命通阐三教经义。后三年（577），进兵北齐，攻占邺都，在齐境也推行废佛。所有八州寺庙四万余所悉废，僧徒三百万人还俗，经像悉毁，财物没官。次年，武帝死，宣帝宇文赟即位，佛教又得恢复流行。

---

①《魏书》卷一一四《释老志》。
②《北史》卷一〇《周武帝宣帝静帝纪》。

　　从以上太武、周武两次毁佛情况看,僧侣还俗者达数百万众,
可见其蠹害国计民生之深重,也可知毁佛并非出自偶然。而在南
朝方面,反佛者也代有其人。其中理论水平最高的是前已介绍的
范缜,而言辞猛烈者则有郭祖深、荀济等人。

　　梁武帝萧衍是中国历史上以佞佛著名的君主。在他的统治
下,上行下效,朝野佞佛成风。诗云"南朝四百八十寺",实际首都
建康即有佛寺五百余所。因此有郭祖深舆榇上封事二十九条,对
沙门蠹害,极力揭露与批评,其中有云:

> 　　都下佛寺,五百余所,穷极宏丽。僧尼十余万,资产丰沃。
> 所在郡县,不可胜言。道人又有白徒,尼则皆畜养女,皆不贯
> 人籍。天下户口,几亡其半,而僧尼多非法,养女皆服罗纨。
> 其蠹俗伤法,抑由于此。请精加检括。若无道行,四十巳下,
> 皆使还俗附农。罢白徒养女,听畜奴婢。婢惟着青布衣。僧
> 尼皆令蔬食。如此则法兴俗盛,国富人殷。不然,恐方来处处
> 成寺,家家剃落,尺土一人,非复国有。①

郭祖深言辞虽然尖锐,但他只说信佛使"杼柚日空",寺多僧众则
"蠹俗伤法",并不主张根本废佛,而是要求对佛教加以限制和改
革。荀济上书则批驳得更为全面详尽。他指出佛能祸国短祚,蔑
弃忠孝,病民费财;并列举僧尼志在贪淫,窃盗华典,倾夺朝权的种
种行径,斥佛为"妖胡"。举凡十事,其中说:

> 　　……陛下以因果有必定之期,报应无迁延之业,故崇重像
> 法,供施弥隆。劳民伐木,烧掘蝼蚁,损伤和气,岂顾大觉之慈
> 悲乎? 胡鬼堪能致福,可废儒道;释秃足能除祸,屏绝干戈。
> 今乃重关以备不虞,击柝以争空地。杀蝼蚁而营功德,既乖释
> 典;崇妖邪而行谄祭,又亏名教。五尺牧竖,犹知不疑;四海之

---

①《南史》卷七〇《循吏传》。

尊,义无二三其德……①

书上,武帝大怒。济惧诛,奔魏。郭祖深、荀济的批评,理论水平并不高,但所触及都是些实际问题,所以有相当的战斗性。这种从政治、经济利益和伦理道德立场来反佛的作法,是以后中国士大夫反佛的一个特征。

隋代朝野佞佛,这也是隋代朝政混乱的一个表现。入唐,太史丞傅奕反佛。他集魏晋以来历代反佛事迹,成《高识传》十卷。武德九年(626)上疏谏佛法,其略曰:

> 佛在西域,言妖路远,汉译胡书,恣其假托。使不忠不孝,削发而揖君亲;游手游食,易服以逃租赋。伪启三途,谬张六道,恐愒愚夫,诈欺庸品……且生死寿夭,由于自然;刑德威福,关之人主;贫富贵贱,功业所招,而愚僧矫诈,皆云由佛。窃人主之权,擅造化之力,其为害政,良可悲矣。②

后再上书十一条于高祖。时有道士李仲卿、刘进喜等为助。沙门法琳则作《破邪论》加以反驳。在傅奕反佛推动之下,朝廷于武德九年曾下诏沙汰僧尼,拟对佛教加以限制,由于高祖逝世未果。到太宗李世民时,傅奕仍坚持反佛,在朝对太宗说:"佛是胡中桀黠,欺诳夷狄。初止西域,渐流中国。遵尚其教,皆是邪僻小人。模写庄、老玄言,文饰妖幻之教耳。于百姓无补,于国家有害。"③太宗颇然其言。太宗朝虽不废佛法,但以为"至于佛教,非意所遵,虽有国之常经,固弊俗之虚术"④,所以亦未大力崇重。

唐代各朝帝王,多对佛教奖掖鼓励。武则天篡权,曾借助《大云经》女主临朝之说,加以道教奉为祖师的李耳被李唐王朝当作祖

①《广弘明集》卷七。
②《资治通鉴》卷一九一。
③《旧唐书》卷七九《傅奕传》。
④同上卷六三《萧瑀传》。

先,故有意对道教加以抵制,大力推行佛教。安史乱后,肃、代、德各朝,国乱频仍,政治衰败,朝野佞佛成风。在这种情况下,中唐时期官僚士大夫间陆续有人出而反佛。而轰动一时、影响深远者则有韩愈。

韩愈(768—824),字退之,河内河阳(今河南孟州市)人,是唐代著名思想家和文学家。他作为一代文坛宗师,矢志以尊儒复古为己任。著有《原道》等文,倡言儒家的仁、义、道、德,号召复兴尧、舜、禹、汤、文、武、周、孔一脉相承的古先圣人之道。他反对佛、道之乱正法,而尤力排佛教,说它是"必弃尔君臣,去尔父子,禁尔相生养之道,以求其所谓清净寂灭者",反对"举夷狄之法,而加之先王之教之上",要求对佛教"人其人,火其书,庐其居,明先王之道以道之"①。他的批判内容并不出荀济、傅奕反佛的大旨,但在当时却显示了相当的胆略与战斗性。他以"圣人之道"来与佛、老之道相抗衡,亦有一定思想理论上与民族文化上的意义。唐宪宗元和十四年(819),敕迎佛骨于京西凤翔法门寺。法门寺有塔,传为阿育王所造,中藏佛指骨舍利,三十年一开,开则氛祲灭,稼穑丰。是年恰值三十之期。宪宗遣使往迎,留禁中三日,并送京城佛寺供养。王公士庶,顶礼膜拜,掀起了一次佞佛狂潮。时任刑部侍郎的韩愈毅然上书谏迎佛骨,其中说,佛者乃夷狄之一法,汉明以来,事佛渐谨,帝王享年尤促,事佛求福,乃更得祸,迎佛骨乃是"伤风败俗,传笑四方"之举。表文最后说:

> 夫佛本夷狄之人,与中国言语不通,衣服殊制,口不言先王之法言,身不服先王之法服,不知君臣之义,父子之情……况其身死已久,枯朽之骨,凶秽之余,岂宜令入宫禁?……乞以此骨付之有司,投诸水火,永绝根本,断天下之疑,绝后代之惑,使天下之人知大圣人之所作为,出于寻常万万也。岂不盛

---

① 《原道》,《韩昌黎全集》卷一一。

哉！岂不快哉！佛如有灵，能作祸祟，凡有殃咎，宜加臣身，上天鉴临，臣不怨悔……①

韩愈表上，宪宗大怒，贬为潮州（今广东潮州市）刺史。但韩愈并未追悔，仍有诗表示："欲为圣明除弊事，肯将衰朽惜残年。"②韩愈的反佛，理论上虽无甚多新意，但由于他在文坛上的地位，又由于他把儒学复古与反佛相结合，还由于他的斗争的坚定与勇气，在中国历史上产生了深远影响。其门人李翱等亦从之而反佛。晚唐孙樵、杜牧、皮日休等反佛都受他的影响，并影响到宋代理学家的反佛思潮。

唐代佛教的大发展，造成了尖锐的社会矛盾。特别是农民大量逃亡出家为僧，使朝廷失去了税户，使世俗地主失去了劳动力。韩愈反佛主要从伦理道德立论，但也把农民不事耕稼、弃其业次做为一个重要理由。而到了唐武宗时，终于酿成又一次大规模灭佛。

开成五年（840），唐武宗李炎即位。执政者李德裕不信佛法。从会昌二年（842）起，即连续采取限制佛教措施。到会昌五年，下诏灭佛，诏曰：

> ……今天下僧尼，不可胜数，皆待农而食，待蚕而衣。寺宇召提，莫知纪极，皆云构藻饰，僭拟宫居。晋、宋、齐、梁，物力凋瘵，风俗浇诈，莫不由是而致也……於戏！前古未行，似将有待；及今尽去，岂谓无时。驱游惰不业之徒，已踰十万；废丹臒无用之室，何啻亿千。自此清净训人，慕无为之理；简易齐政，成一俗之功……③

在诏书中说，天下拆寺四千六百余所，还俗僧尼二十六万余人充两税户，拆招提兰若四万余所，收膏腴上田数千万顷，收奴婢为两税

---

①《论佛骨表》，《韩昌黎全集》卷三九。
②《左迁至蓝关示侄孙湘》，《韩昌黎全集》卷一〇。
③《毁佛寺勒僧尼还俗制》，《全唐文》卷七六。

户十五万人。此次废佛相当彻底，对佛教发展根基破坏甚巨。在僧传等资料中反映了当时佛寺废坏、僧侣逃匿的情形。晚唐后诸宗衰落，与此次废佛有关。武宗死，宣宗李忱即位（846），佛教渐次恢复。

五代时期佛教沿袭唐代，寺僧浮滥，对政府赋役造成很大影响。因此后周世宗柴荣继位后的显德二年（955），对佛教予以淘汰。凡未经颁给寺额的寺院一律废除，禁止私度僧尼，出家须经过严格考试，并废除炼身、炼指等陋习。这样，境内寺院毁废过半，并以销毁佛像废铜铸钱。这是中国历史上的最后一次由朝廷下令大规模灭佛，但其范围与彻底程度都不能与前几次相比拟。

魏武、周武、唐武三宗和周世宗灭佛，统称"三武一宗"毁佛。在佛教方面则看作是"法难"。

北宋时期，士大夫间仍有不少人反佛。如孙复作《儒辱》，石介作《怪说》、李觏作《潜书》等，都上承唐人儒学复古主张排斥佛教。特别是北宋一代文宗欧阳修（1007—1072），继承韩愈的事业进行诗文革新，思想上也张扬儒道。他作《本论》，主张对佛教应"修其本以胜之"，比韩愈"人其人，火其书"的主张更为通达。

南宋以后，虽然仍有人出来反佛，但反佛与护法的斗争已没有以前那样的尖锐性。这主要是因为佛教自身已经不能构成影响社会思想潮流的重要力量，思想意识形态方面的斗争已转移到别的重点上。在理学的统治之下，儒、道、佛处于基本上谐调共存的状态之中。

中国专制朝廷的灭佛与士大夫阶层的反佛有一定的成果，也有很大的弱点。从成绩看，这些斗争对佛教的膨胀给予打击，加以限制，阻止它更大的泛滥。这无论对于经济的正常发展，还是对于维护中华民族文化传统、限制宗教唯心主义，都是有积极意义的。虽然几次灭佛斗争时间都很短暂，反佛斗争往往以失利而告结束，其影响却是深远的。但是，这些斗争的理论水平不高，不能从根本理论原则上批驳佛教的危害，挖掘其迷信根源。反佛的人往往从政治、经济利益和儒家伦理道德出发，当时人还不能找到更有力的批判武器（范缜的批判除外）。占统治地位的儒家思想往往明明暗暗地盗取佛教思想，主张儒、释调和的力量经常大于反佛的力量。而当佛教造成的社会矛盾激化至不可调节之后，就采取强行废毁的办法，捣毁寺庙，严令僧侣还俗，而宗教扎根于千百万民众之中，民众的宗教观念、信仰、感情是不能禁止的。所以条件一经变化，佛教很快又得以复兴。这说明宗教存在的社会基础不彻底改变，宗教是不能用强制的办法消灭的。

十　禅净合一与居士佛教

宋代以后，中国佛教仍广泛传播，形式上各宗派大部分都有人研习、传承，但实际上已经衰落。12世纪末，印度本土佛教被消灭，中国佛教发展失去了外来刺激与滋养的源头。另一方面，宋明理学兴起，它汲取了佛家的思想资料，实际是剥夺了它的思想武器；而各宗派佛学却不再有新的建树。理学建立起思想界的统治，对佛教也是个有力的抵制力量。在这种情况下，佛教义学衰落，只有禅的简易修持法门与净土的低俗信仰易于流行，形成了禅净合一的潮流。在民众中，佛教信仰则成为多神宗教信仰之一。

宋、辽、金、元、明、清历代王朝，虽然在个别时期对于佛教势力过分膨胀有所限制，但基本上采取了崇信、支持、保护的政策，建寺度僧，设立僧官系统。辽、金、元以及其后的历代统治者和官僚地主，又向寺院广施田产资财，使得寺院经济得到迅速发展。许多寺庙广占土地、山林、陂塘，以至经营邸店、碾硙、质铺及手工业等。寺院经济成了社会经济结构中的重要部分。据历史材料远不完全的记述,宋天禧(1017—1021)年间,全国寺院四万所;元至元(1279①—1294)年间,有寺院24,318所,僧尼21万余人;清康熙(1662—1722)年间,大小公私寺院77,622处,僧尼11.8万多人。

北宋以后,禅宗衰落,失去了早期自由活泼的禅风。它本来是反对经教迷信的,却与低俗的净土信仰相调和。各宗派间也互相包融,宗义上的界限渐趋消泯。例如,法眼宗禅师永明延寿(904—975)著《宗镜录》,调和禅与华严教义,"举一心为宗,照万法如镜",同时又重视净土法门。这与禅宗本来宗旨已大相径庭。云门宗在北宋初兴盛一时,其代表人物天衣义怀、圆照宗本,长芦宗颐等,都禅、净双修。禅宗各派在修习方面,又多提倡念佛与往生。金代的万松行秀(1161—1264)传曹洞禅,他曾在从容庵评唱天童《颂古百则》,撰《从容录》,他也修习净土。明代亦如宋、元,净土法门为诸宗共同信仰。明末有所谓"四高僧",一时造成所谓佛教复兴,其中的云栖株宏(1535—1615)本属禅宗,但又专重净土,主张佛、儒、道三教一致,广受缁素信向;憨山德清(1546—1623)曾受禅法,又习净土法门;藕益智旭(1599—1655)习天台,又遍学诸宗教义,而以净土为禅、教、律"三学"指归。清代禅净合一的情形也是如此。宗教义学的发达本是中国佛教的特征,而如上所述净土宗在隋唐诸宗中是理论价值最低的。习禅与净土作为佛教义学的反动留存下来,实际标志着佛教的衰落。在清代的一般寺院里,佛教教学水平低下,一些愚妄的俗僧,传布低俗的迷信,应求作佛事,以取衣食之资而已。

中国佛教后期的另一个特征,就是居士佛教的发展。这是在它的普遍衰败中尚显生机的一面。

————————

①这是从至元十六年南宋最后灭亡算起。

佛教传入中国后，就形成了在家信徒为僧团外围。在中国宗法观念强烈、孝悌之道被十分强调的条件下，在家修行比出家更易于被接受。特别是一些官僚士大夫，有高度文化素养，他们所形成的居士阶层，对扩大佛教影响，提高佛教水平作用很大。志磐讲到天台宗史时说：

> 智者（智顗）之为道也，广大悉备，为其徒者自尊信之，未足以信于人。惟名儒、士夫信而学焉，则其道斯为可信也。智者之世，有徐陵、柳顾言；荆溪之世，有梁肃、李华；慈云之时，有王文穆、马亮；明智之时，有晁以道，陈莹中。是数君子，不特知道，又能立言以赞之，智者之道于是愈有光也。[①]

这明确指出了居士阶层对天台宗发展和存续的作用。

禅宗专主明心见性，以至视经论戒律为障道藩篱，就更给居士阶层的存在与发展提供了依据。一些禅师出入官场，结交士大夫，甚至无视戒律，已不像出家人；而一些官僚文人则自诩身在世间，心修梵行，以维摩居士为榜样，俨然佛门中人。早在神秀入朝时，受到朝野倾重，许多大臣如张说以至亲王、驸马皆问法执弟子礼。其弟子普寂，以及普寂弟子义福、惠福都受到朝野礼重。开元年间，大诗人王维在长安广泛结交禅宗弟子，"安史之乱"前后，他在长安城南营辋川别业，过亦官亦隐生活，退朝则焚香参禅，自号为"摩诘"。中晚唐时期官僚文人间习禅风气甚为普遍，其代表人物如白居易，早年即曾向兴善惟宽问道，晚年亦居洛阳龙门香山寺为居士。

在北宋，居士佛教受到官僚阶层大力提倡。宋初朝官如王随、陈尧佐、杨亿、李遵勖等都是居士。黄龙派门下则有黄庭坚、王韶、张商英等人，张商英至有"相公禅"[②]之说。曹洞宗下则有李邴、汪

①《佛祖统纪》卷一五。
②《避暑录话》卷上。

藻、张九成诸人。官僚居士的发展，促使禅宗失去了自由活泼的思想性格。

金代大政治家耶律楚材号湛然居士，亦从万松行秀参禅。

元政治家刘秉忠是海云印简弟子，而元代一代典章制度多出其手。

在明代，居士佛教有新的气象。开国初受到朱元璋信重的宋濂是一代文坛宗师，也是居士。其释氏文字被株宏辑为《护法录》。他作为当时文坛领袖，对于明一代文章学术影响甚大。明中叶以后，居士中著名的有李贽、袁宏道、焦竑、屠隆等人，他们在思想上、文学上都有所成就。相对于宋代多有官僚居士，明代文人居士阶层发展，其中不少人从佛教中寻求精神武器，推动了反理学的潮流。

明末清初之际，在社会大动荡之中，许多知识分子遁入佛门，有的出家为僧（如石涛等画僧），有的则为居士，包括钱谦益这样的人。清初居士著名的有宋文森、毕奇、周梦颜、彭绍升等人。但清代理学统治严酷，另一方面，自乾嘉学派兴起，士大夫多潜心于朴学，热心佛教的人就不多了。王咏说：

> 今天下士大夫能深入佛乘者，桐城姚南青范、钱塘张无夜世荦、济南周永年书昌及余四人。其余率皆猎取一二桑门语以为词助，于宗教之流别盖茫然。①

直到晚清，又一次社会大动荡到来，人们向各方寻求解决社会问题的思想资源。有些人也找到了佛教。这时如谭嗣同、章太炎等研究唯识。也出现了一些有名的居士，代表人物如杨文会等。从佛教中探索解决社会矛盾的出路当然是无用的，但他们在发展近代佛学研究上却是有贡献的。

_____

① 《再书楞严经后》，《春融堂集》卷四五。

十一　西藏佛教

　　藏传佛教,又称喇嘛教,是北传佛教的一个分支。佛教从印度,间接地又从中国内地传入中国西藏,吸收了本地苯教的一些神祇、仪式,形成了藏传佛教的特殊形态。又由西藏传到中国蒙古族、满族、土族、裕固族以及蒙古国和俄罗斯远东布利亚特族中。藏传佛教有自己的经藏,有特殊的教义和仪轨,影响也很为广远。

　　本节只介绍藏族地区的佛教①。

　　7世纪前,居住在西藏高原上的吐蕃人是一个部落分散、经济文化都很落后的民族。到了7世纪松赞干布(617?—650)在位时期,才逐渐统一起来。佛教即在此时期从印度并间接地从中原传入。在到公元9世纪上半叶的二百多年里,在西藏建立起佛寺和僧团,翻译了经典。在与苯教的斗争中,佛教得到了广泛传播。但在公元841年,朗达玛赞普即位,大举毁佛。西藏佛教因而中断百余年。前此为西藏前弘期的佛教。

　　佛教传入西藏时,在印度本土大乘佛教已发展到后期,密教开始流行。西藏对当时传译的大小乘、显密教义几乎都加以接受。在佛教大规模传入的形势下,本地的原始宗教苯教很快就颓败了。当时西藏文化还处在原始阶段,连文字都是由于译经需要而根据克什米尔声明创制的。这种文化背景显然与汉土接受佛教时不同。西藏对大小乘、显密一切佛说兼容并包,认为无一法非成佛法缘,而正在兴起的密教则更多地被接受。这是西藏佛教长期发展

————————————

① 中国南方傣族地区的佛教属南传上座部佛教,本书从略。

的主要特征之一。

到公元10世纪，西藏佛教得到恢复，进入后弘期时代。这一时期先后建立了许多教派，各教派并存斗争是西藏佛教的又一个特征。其中比较重要的有宁玛派（红教）、噶当派、萨迦派（花教）、噶举派（白教）、格鲁派等。

在西藏佛教史上第一位起关键作用的人物是噶当派创始人阿底峡（982—1054）。他是古印度僧人，公元1038年（北宋宝元元年）受阿里王子迎请入藏。其时西藏佛教重密轻显，重师教轻经论，以至显密不能相容。阿底峡明显、密不相违，规定修行次第，著《菩提灯道论》等，为西藏佛教发展指出了方向。

另一位重要人物是萨迦派五世祖帕思巴（1235—1280）。他受到元世祖忽必烈礼重。忽必烈从受欢喜金刚灌顶，为此进帝师号，并以西藏十三万户为谢礼。西藏的政教大权从而被萨迦派所掌握。这是西藏建立佛教统治的政教合一政权的开始。

到了元末，萨迦派的统治权被噶举派所取代。噶举派后来受到元、明政府册封，执掌西藏地方政权。到明中叶，格鲁派势力扩大。清初，取得蒙、藏各教派领导权，并成为执掌政权的教派。这样，西藏自元代以来正式纳入中国版图，受中国中央政府管辖，并延续了政教统一体制。这就大大增强了佛教在西藏的权威。由于西藏政教与中原的复杂联系，佛教也成为维护西藏与祖国统一和藏族与汉族及各民族友好交流的纽带。

格鲁派的创始人是宗喀巴（1357—1419）。他是青海人，自幼游学西藏，广习经论。慨于当时西藏戒律废弛，锐意进行宗教改革。他发扬噶当派教义，健全寺院制度与僧侣戒规，提倡显、密兼修和先显后密的修行次第，使得该派势力进一步扩展。明嘉靖二十一年（1542），锁南嘉错为哲蚌寺主。万历六年（1578），锁南嘉错为蒙古土默特部俺答汗尊称为"圣识一切瓦齐尔达赖喇嘛"，是为达赖三世。达赖活佛转世制度即此建立。清顺治九年

（1652），达赖五世赴北京朝觐，受册为"西天大喜自在佛所领天下释教普通瓦喇怛喇达赖喇嘛"。清顺治二年（1645），札什伦布寺寺主罗桑却吉坚赞被蒙古和硕特部固始汗赠以"班禅博克多"称号。班禅活佛转世制度就此建立。康熙五十二年（1713），班禅五世罗桑益希受清廷册封为"班禅额尔德尼"。从此这两大活佛系统掌握了西藏政教大权，格鲁派则成了西藏佛教的统治教派。

元、明、清三朝对西藏佛教都加以礼重。元代帕思巴以后，该系僧人代为国师。每皇帝即位，必从帝师受戒。喇嘛享有政治、经济特权。明代建立后，虽鉴于元代崇信喇嘛教流弊，支持汉传佛教，实际上层喇嘛仍受到优遇。经常迎请西藏喇嘛入朝，赠官封号。清代未建国时，在关外已有喇嘛教徒，并与达赖建立了联系。清雍正六年（1728），正式设立驻藏大臣，管理西藏政务。乾隆年间，又正式确认政教合一制度。这样，西藏佛教一步步加强与内地佛教的交流，成为中国佛教的一部分。

格鲁派有其严密的寺院组织。弘扬显教的有四个根本道场：甘丹寺、哲蚌寺、色拉寺、札什伦布寺；弘扬密教的有两个根本道场：下密院和上密院。前三寺即拉萨三大寺。旧西藏噶厦政府由僧官、俗官组成。以达赖为首的僧官都是三大寺成员，在政府中处于决定地位。又有严格的僧侣制度，从活佛到有学位僧人各有所司与规范。还有佛学教育的学位制度：修显宗的人到一定程度授与格西（博士）学位，修密宗的也有一定等级。节目、礼仪也有具体规定。

西藏佛教有藏文大藏经，分甘珠尔、丹珠尔两部分，是14世纪后期编定的，计有佛教书籍4569种，内容浩繁。自明永乐九年（1411）以来刻印了多次。甘珠尔包括显密经律，分为七类：戒律、般若、华严、宝积、经集、涅槃、密乘；丹珠尔为论部，分四类：赞颂、咒释、经释、目录。其中经释内容很丰富，又分十二类：中观、经疏、瑜伽、小乘、本生、杂撰、因明、声明、医明、巧明、世论、西藏撰述及补遗等。从这些名目大致可知道内容范围。

　　西藏佛教是祖国民族文化财富的一部分。藏传佛教有很高的学术水平，是值得珍视、研究的。

第三章　佛教与中国文化

一　佛教思想与中国哲学

印度佛教思想中有极其丰富的哲学内容。中国佛教在中国固有的文化、学术土壤上，汲取了外来的印度佛教哲学，结出独特而丰富的思想成果。佛教哲学作为宗教学术，其基本倾向是唯心主义和形而上学的；其目的主要是为论证宗教信仰服务，因而它是宗教思想体系的有机组成部分。但它既是哲学，就又包含着许多有客观真理价值的成分。特别是中国佛教哲学，作为印度文化与中国文化交流、结合的产物，探讨了许多中国的传统学术较少注意到的问题。这一方面的情况，前一章里已有所论及。一般说来，中国佛教哲学是作为宗教思想而另成一个封闭体系、以宗教义学的形式发展的。但它对中国哲学确也产生了巨大影响。可以毫不夸张地说，魏晋以后整个中国哲学思想的变化，包括自汉学向宋学的转变，佛教哲学起了重要作用。

如前所述，佛教在中国初传，人们把它等同于神仙方术。但是除了宗教信仰实践的方面，佛教的思想学术内容也逐渐被重视起来。这一方面是由于当时输入的佛教经典特别是大乘般若类经典包含有新鲜而又丰富的哲学思想；另一方面，也由于中国本身存在适宜的思想土壤，即中国高度发达的思想文化基础很适于接受外来的高深精致的宗教哲学。在从魏、晋到隋唐的四百余年间，中国佛教形成了许多学派与宗派，各学派与宗派都有一定的哲学观点、理论；同时佛教哲学又与中国学术靠拢、交锋、斗争，在这个过程中，其有价值的部分逐渐渗入中国哲学之中。

佛教思想输入时期的中国思想界，正处在一个重大转折时期。汉儒的章句之学与谶纬神学走进了死胡同，儒学通过老庄化为玄学的办法而求取出路。玄学研究的中心问题是本末、有无的题，即本体论的问题。这虽然是魏晋贵族阶层消极的社会政治观念的表现，但在哲学思想发展上却有很大的积极意义。它开拓了人的新的认识领域，引导人们去研究宇宙与人生的本质的新课题。在对如"圣人有情"、"声无哀乐"、"言不尽意"等命题的思辨的考察中，大大加深了哲学思想的深度。大乘般若学在这种情况下依附于玄学而流行，般若学与玄学的发展是相辅相成，成为辅助和推动当时思想新潮流的力量。

输入中国初期的般若学，没有跳出玄学的框子。例如在前面介绍的"六家七宗"阶段，讨论的问题实际仍局限于玄学的"本无"与"崇有"问题。也就是说，新传入的外来宗教学术，依附高度发达的中国思想学术，不得不改变其内容与形式而被接受。到了僧肇，在批判地总结般若学的发展的基础上，汲取了印度和中国学术两方面的成果，发展出新的独立的般若思想。一方面他批判"六家七宗"的般若学不符合佛教教义：

> 　　心无者，无心于万物，万物未尝无；此得在于神静，失在于物虚。即色者，明色不自色，故虽色而非色也；夫言色者，但当色即色，岂待色色而后为色哉？此直语色不自色，未领色之非色也。本无者，情尚于无多，触言以宾无，故非有，有即无，非无，无亦无。寻夫立文之本旨者，直以非有非真有，非无非真

无耳。①

这样，他认为"心无"、"即色"、"本无"三宗，在对物的看法上，都流于片面，而没有看到般若空观所谓非有非无的"真实"。按他的看法，因缘故不有，缘起故不无，"欲言其有，有非真生；欲言其无，事象既形。象形不即无，非真非实有"。所以，不能讲"本无"或"本有"，而是"不真故空"。他的这种看法，汲取了印度大乘空观"因缘生法"的辩证思想，突破了中国玄学思辨的框子，比较准确地理解了佛教中观学派的理论。但另一方面，僧肇又不是完全按印度思想来解决这个有无问题。按印度原始佛教的观点，是通过"五蕴"和"十二缘生"证成人我空，其理论重点在现象发生论，即"人我"这个现象是在什么样的因缘条件下形成的。到大乘佛教发展为我、法两空，其理论重点在荡相遣执，即达到排遣一切名相的空。所以《维摩经·问疾品》里维摩对文殊师利说法，说到我空、法空之后，又说空亦是病，所以空亦空。大乘空观发展了认识的否定方面，而不讲本体之空。但僧肇却吸收了中国的本体论思想，他把所谓非有非无变成了体、用关系。体即空、寂、无；用则是有、相、事。他说：

> 用即寂，寂即用，用寂体一，同出而异名。更无无用之寂而主于用也。②

这样，他发展了中观学派的真、俗二谛的理论，论证了空有一如的"诸法实相"说：

> 本无、实相、法性、性空、缘会，一义耳。何则？一切诸法，缘会而生。缘会而生，则未生无有，离缘则灭。如其真有，有

①《不真空论》。
②《般若无知论》。

则无灭。以此而推,故知虽今现有,有而性常自空。①

实际上,这是在印度大乘空观基础上发展起来的本体论。这是中国思想,已不是印度思想。

本体论思想是唯心主义的。在物质之外另找一个作为万物本源的本体当然是错误的。但它在哲学思想发展上又是一个重大进步,它是人们认识世界统一性及其内部联系与转化关系的成果。僧肇的非有非无、不真故空的本体思想,吸取了印度佛教思想的辩证因素,为发展中国的本体论思想作出了重大贡献。后来大乘唯识学的如来藏思想传入,为发展与丰富中国佛教许多学派和宗派的本体思想提供了新依据。例如《大乘起信论》讲"真如缘起",以"真如"为本体;还有三论宗的八不缘起、天台宗的实相缘起、慈恩宗的阿赖耶缘起、华严宗的法界缘起,以及禅宗讲自性清净心等等。以缘起讲本体是中国佛教哲学的一个特征,对以后哲学发展影响甚大。宋代理学的本体思想正是在这样的基础上发展起来的。

佛教哲学的另一个重要问题是佛性问题。所谓佛性即成佛的可能与条件,实际上是讲人性或心性的本质。中国战国时期的诸子百家也就人性问题进行过争论,著名的观点有孟子的"性善说"、荀子的"性恶说",以及后来汉代董仲舒的"性三品"说等。这些说法的一个共同特点,都是强调人性的先验的本质。它们虽然都在一定程度上承认教育可以改造人,但却又都忽略或否认人性的根本改变问题。而佛教作为宗教,要引导信教的徒众达到信仰的目标即成佛,因此就特别注重讨论心性。何尚之说:

> 范泰、谢灵运每云:六经典文,本在济俗为治耳。必求性灵真奥,岂得不以佛经为指南耶?②

---

①《宗本义》。
②《答宋文皇帝赞扬佛教事》,《弘明集》卷一一。

颜延之则说,言道、论心、校理,义有三端,崇佛者以治心为先①。当时人的这些看法,可见心性问题在佛教思想中的位置。唐宗密则说:"一藏经论义理,只是说心。"②佛教哲学中的佛性说的价值,主要在于丰富了中国哲学的人性论。

在这方面,以竺道生的涅槃佛性学说贡献为大。竺道生提出其佛性新说的依据,是大乘佛教中一切众生悉得成佛的思想。他孤明先发提出"一阐提人皆得成佛"的主张,正与后来传到建康的《大般涅槃经》的说法相合。他发展自己的理论,又是结合了中国固有的有神论,提出了"佛性我"概念。他说:

> 理既不从我为空,岂有我能制之哉? 则无我矣。无我本无生死中我,非不有佛性我也。③

又说:

> 本有佛性,即是慈念众生也。④

他一方面根据"人我空"讲"无我",但又主张有"佛性我"即具备本有佛性的主体。实际中国早期佛教思想已改变了印度佛教的"无我"说。《牟子理惑论》里曾强调"魂神固不灭"。晋代士大夫最早写佛教著作之一的郗超,在其《奉法要》中说:

> 心为种本,行为其地,报为结实。⑤

慧远更系统地提出了神不灭论和三报论。而竺道生主张普遍佛性的"佛性我"理论,则是印度的佛性观念与中国思想调和的产物。

谢灵运赞同竺道生的佛性新说,进一步统合儒、释,把两家的

---

①《庭诰》,《全上古三代秦汉三国六朝文·全宋文》卷三六。
②《禅源诸诠集都序》。
③《注维摩诘经》。
④《大般涅槃经集解》。
⑤《弘明集》卷一三。

心性观点调和起来。他说：

> 释氏之论，圣道虽远，积学能至，累尽鉴生，方应渐悟。孔氏之论，圣道既妙，虽颜殆庶，体无鉴周，理归一极。有新论道士，以为寂鉴微妙，不容阶级，积学无限，何为自绝。今去释氏之渐悟，而取其能至；去孔氏之殆庶，而取其一极。一极异渐悟，能至非殆庶。故理之所去，虽合各取，然其离孔、释矣。①

这里所谓"新论道士"，即以竺道生为代表的涅槃师。按佛教的佛性学说，佛果修行可至，但要经过历劫轮回，如《华严经》中所说的"十地"，所以这是渐悟说；而儒家则主张先验的人性论，认为存在宗极的真理，但即使是颜回那样的孔门高足也只达到"殆庶"的程度而已。竺道生一派则把这两种学说调合起来，取佛教人人得以成佛，又取儒家主张的宗极之悟，提出了人人得以顿悟成佛的观点，从而发展出全新的佛性论。汤用彤评论这种观点的价值说：

> 康乐承生公之说作《辨宗论》，提示当时学说二大传统之不同，而指明新论乃二说之调和。其作用不啻在宣告圣人之可至，而为伊川谓"学"乃以至圣人学说之先河。则此论在历史上甚重要之意义益可知矣。②

这种心性学说，给后来佛家哲学以很大影响，最明显的是禅宗的"顿悟"自性清净心而成佛的学说。间接地则作用于儒学思想的转变，宋人的讲性理和明人所谓"满街都是圣人"，显然都受到它的影响。承认每个人都有理想的人性，并把它的实现归结到自身心性修养功夫，这种哲学对中国人的精神生活产生了极大的作用。

　　随着佛教的传播，形成了一套佛教教学的独特方法，它与中国传统经学的方法与学风有很大差异，在学术界也造成很大影响。

---

① 《与诸道人辩宗论》，《广弘明集》卷一八。
② 《魏晋玄学论稿·谢灵运〈辨宗论〉书后》。

　　首先,西汉以后,作为统治学术的经学讲章句,遵家法,严重地教条化和僵化了。这是学术为专制制度服务的必然结果。这样,它也就失去了生命力。而佛教思想本是印度分裂局面下的产物,各教派、部派相互斗争,异学纷纭,而没有一个正统的统一的体系。大乘佛教又有"依法不依人"之说,就是说教法的正确与否,不能由有权威的某一个人来决定,甚至对佛陀所说的经也可以因为它并非最终了义说法而批判地对待它。这样在印度佛教教学中,各大论师所"造"的论就非常重要。这些论名义上是解经的,但实际上却是要树立一家之说。如龙树的《大智度论》是疏解《大般若经》的,但那又是中观学派自身阐发本派学说的著作。中国的儒家把经典视为神圣,因此传习中严守师说,他们用力在章句训诂方面,而在义理发挥上则受到很大限制。中国的佛家接受了印度治学方法,更注重疏通大义的义疏之学。六朝时译师译经是边讲边译的,讲解的记录就成了义疏著述。僧肇、竺道生等都是通过注疏形式来提出他们的新学说的。佛教教学中这种比较自由开阔的学风被汲取借鉴,中国经学后来也出现转而空言说经、专重大义的一派,就是受到佛家的影响。

　　佛典有不同的文本,译成汉语又有异译。中国佛家为了比较研习,创造了合本子注的著述体制。这在思想上是一种兼容并包的方法,在方法上则是实行调和汇通。这与中国学术的严分家法也不同。早在三国时代支谦即作有《合微密持经》,就是对旧译本或加修正,或另行翻译,创为合本之法。支愍度有《合首楞严经》,即把支谦修改过的支娄迦谶译本、竺法护译本、竺叔兰译本混而为一,以谦所定为母,护所出为子,兰所译系之,这就是所谓"合本子注"。道安有《合放光、光赞随略解》,即把《放光般若》和《光赞般若》合在一起加以疏解。这种把诸本加以调合的综合弘通的办法后来也启发了中国经学家。中国儒家经学不仅有家数的区别,在南北朝时期又形成南、北学风的不同。到了唐代,打破了这些界限，如孔颖达《五经正义》就兼采南北各家，以致受"驳杂"之讥。唐代学术的"会通"趋势是其得以发展的条件。在这方面，佛家的作法给予了启发。

另外，佛家在译经与讲学中，发展出独特的科判之学。科判比起中国传统的标章断句显然是个进步。它要求对全经寻文比句、明其条贯，把握全经的组织，从而更好地掌握经文义理。科判成为后来讲解佛经的基本方法。所作科判的不同往往表明了对教义的不同理解。这种办法也给中国学术，特别是宋、明理学家疏解儒家典籍提供了借鉴。

总之，佛教义学的内容与方法，对推动中国思想学术的转变起了重大作用。

唐代从中唐时期起，中国学术，主要是经学开始发生变化。到了宋代，完成了从汉儒章句之学到宋儒性理之学的转变。这个转变有六朝以来思想学术长期发展变化的基础，包括前述佛学发展的影响；同时又是儒、释两家进一步调和的结果。在这方面，儒、释两个方面都进行了自觉或不自觉的努力。

在佛家方面，如前已指出，禅宗是中国士大夫的佛教，从其基本理论到极其简易的修持方法，都反映了中国士大夫意识的特征。慧能与神会等人都是把佛家心性学说与儒家人性论合而为一的哲学家。中唐以后，在佛教教学中，禅教合一、儒释合一已形成为潮流。佛教哲学家中有两个代表人物，一个是唐代的宗密，一个是北宋契嵩，他们都深通儒典，都极力论证儒、释二家相一致。这也是佛教已完全中国化的表现。

在经学方面，中唐时代有两个比较重大的成就，都是在佛教学术影响之下取得的。一个是啖助、赵匡、陆质的新"春秋学"。这个学派采取空言说经、以经驳传的办法，会通《春秋》三传，专以己意来阐释"圣人之意"，宣扬"大中之道"，重视"生人之意"。这个学派的观点和方法都受到佛教的影响。新"春秋学"在中唐学术上占有重要地位，如柳宗元就是该派传人，而他对天台宗有精深研究。另一个成就是韩愈、李翱师弟子的人性论。这一派提倡儒学复古，是标榜反佛的，而其对儒学的发展正多取于佛说。例如韩愈《原道》是张扬反佛的纲领性文章，但其中描绘历圣相传的圣人之道，施之于四民，表见于人伦日用，正是体现了佛教关于事理圆融的逻辑；其中说到"足乎己无待于外"①的德，而此德与道本为"虚位"，正与禅宗所说圆满具足的妙明真性相通。在《原性》里发挥董仲舒"性三品"，但又区分性与情为二，与佛家性善情恶的观点也同一路数。而李翱的《复性书》，进一步发展了韩愈的观点，其中说道：

> 人之所以为圣人者，性也；人之所以惑其性者，情也。喜、怒、哀、惧、爱、恶、欲七者，皆情之所为也。情既昏，性斯匿矣，非性之过也。七者循环而交来，故性不能充也。②

因此，人要成为圣人，则要"复性"；复性的办法则是"心斋"，以达到"动静皆离，寂然不动"的"至诚"。这无论从道理上还是语言上都接近禅门。因为禅门也是讲自性清净心受到惑情染污，通过顿悟本性以成佛道的。

韩、李以反佛面目出现但又汲取佛说，表明在唐代思想界，儒、释是在斗争中交流的。到了宋代，这个斗争过程基本告一段落，理学（或称道学）形成了。理学是儒学发展的一个新阶段。它是统合儒、释的产物，华严法界缘起和禅宗心性学说成为它的有机部分。所以全祖望说："两宋诸儒，门庭径路半出入于佛老。"③宋代的理学家多是反佛的，然而又明明暗暗汲取佛说。宋代佛教理论上少建树，其有价值的部分又多为理学所盗用，因而已难以与儒学相抗衡。这样，理学就定于一尊了。

---

①《原道》，《韩昌黎全集》卷一一。
②《复性书》上，《李文公文集》卷三。
③《鲒埼亭集》外编卷三一《题真西山集》。

　　宋代理学的开创者周敦颐（1016—1073）与禅师鹤林寿涯、东林常总等有交往，并受到他们的影响。他所讲的"无极而太极"的本体论，正与华严法界观所说的法界缘起相一致。他推崇至诚反本以正性命之说，认为：

　　　　诚者圣人之本。大哉乾元，万物资始，诚之源也。乾道变化，各正性命，诚斯立焉，纯粹至善者也。①

这也与禅宗所言心性有联系。

　　继周敦颐之后，发展理学的是程颢（1032—1085）和程颐（1033—1107）兄弟。他们都在相当长时间受到佛教思想的浸染。程颢"少时，亦曾出入老、释者几十年，不为所染，卒能发明"②。这里所谓"不为所染"是指他终未溺于其中。他后来确实一再强调佛教之害，以为它不可以治天下国家，惟务上达而无下学，但并不意味着他没有继承佛教的东西。他曾师事周敦颐。韩维《程伯淳墓志铭》上说：

　　　　先生于书，无所不读，自浮屠、老子、庄、列，莫不思索究极以知其义。③

他的学说的核心是肯定作为哲学最高范畴的"理"的本体，而这个理是天人合一的。他提出了"天者理也"、"只心便是天，尽之便知性"的命题，说"人心莫不有知，惟蔽于人欲，则忘天德也"④。因而他强调默识、体认、自得、神悟等等。他说自家本是完全自足之物，若无污坏当直而行之，若小有污坏即敬而治之，恢复如旧。这些说法都融入了禅宗的心性理论。他后来采取反佛立场，批判佛教非

---

①《通书·诚上》。
②黄宗羲《宋元学案》卷一三。
③《宋文鉴》卷一四三。
④《二程遗书》卷一一。

"公道"、"自利"、"怕生死"等等，都是从儒家经世观念出发，对佛家学说的根本理论并没有深入批驳。

程颐以不喜佛书著称，但他又说"佛之道是也，其迹非也"①。他特别汲取了佛家本体论。他提出：

> 至显者莫如事，至微者莫如理，而事理一致、微显一源。②

他又说天下之物皆能穷，只是一理；而一物之理即万物之理；从而提出理一分殊的观念。这说的与华严"事理圆融"、"事事圆融"的观点相一致。他所谓"灭私欲则天理明"③的修养方法，也是佛教禁欲主义的方法。

在理学家中，张载（1020—1077）以"太虚"为万物之本，是真正能从唯物主义立场排佛的人。但他早年治学也是"已求诸释、老，乃反求之六经"④的；其"穷理尽性"之说，也与佛学有关。

理学的集大成者朱熹（1130—1200）早年习禅学，他自叙说：

> 熹于释氏之学，盖尝师其人，尊其道，求之亦切至矣。⑤

他特别受到与佛教有渊源关系的刘子翚（屏山）、胡宪（籍溪）的影响。到中年后他开始排佛。他把理一分殊的天理观与天人合一的性理观发挥到极致。他说：

> 万物皆有此理，理皆同出一原。但所居之位不同，则其理之用不一。如为君须仁，为臣须敬，为子须孝，为父须慈。物物各具此理，而物物各异其用，然莫非一理之流行也。⑥

---

① 《二程语录》卷四。
② 《二程遗书》卷二五。
③ 同上卷二四。
④ 《宋元学案》卷一七。
⑤ 《朱文公集》卷三〇《答汪尚书》。
⑥ 黎靖德编《朱子语类》卷一八。

而他解说这个道理,正引用禅宗永嘉玄觉"一月普现一切水,一切水月一月摄"①的比喻。《华严》"一即一切,一切即一"的观点是他这一理论的渊源。在心性方面,他说:

> 心之为物,众理具足。②
> 人之一心,天理存则人欲亡。③

这样,他认为有"虚灵不昧"的人性,要发扬它则要"存天理、灭人欲",要"主于敬"而"存得这心"④。这种存心养性之说也与禅学有一致之处。陆云锦指出其注书多本之佛:"'虚灵不昧',出《大智度论》;'不可限量',出《华严经》;物我之理,固有之性,心之体用,我心正而天地之心亦正,活泼泼地,皆出佛书。"⑤

陆九渊(1139—1192)在理学中属于主观唯心主义一派。朱熹批评他"分明是禅"。他晚年建象山精舍讲学,并参学于附近各山寺。他提出"宇宙便是吾心,吾心即是宇宙"⑥,与《坛经》中把宇宙归于一念净心的观点相通;他说的"人心本来无事,胡乱被事物牵将去"、"人心……更无住处"⑦,实际就是《金刚经》所谓"应无所住而生其心",要求人割断内心的妄想执着。他又强调人人本有合于天理的圣心,他说:

> 此心之良,人所均有。⑧
> 人皆可以为尧舜,尧舜与人同耳。⑨

---

①《永嘉证道歌》。
②《朱子语类》卷五。
③同上卷一三。
④同上卷二二。
⑤《芝园杂记》卷四《朱子注书有本》。
⑥《象山集》卷二二《杂说》。
⑦《象山语录》卷四。
⑧《象山集》卷五《与徐子宜》。
⑨《象山语录》卷二。

他认为只是因为有所蒙蔽,有所移夺,有所陷溺,而心为之不灵,理为之不明。这种人人皆可成圣的观点,不过是众生皆可成佛说的延伸。他提出的"六经注我,我注六经"的治学方法,也与佛家对经典的自由疏解态度有关联。他诗中所谓"简易工夫终久大,支离事业易浮沉"①中的"简易工夫",完全是自性发明的工夫。他也批评佛教,说:

> 释氏谓此一物非他物故也,然与吾儒不同。吾儒无不该备,无不管摄。释氏了此一身,皆无余事。公私义利于此而分矣。②

他的批评不是在义理上,而是在应用与践行上。但陈北溪曾说过:"浙中象山之学甚旺,由其门人有杨简者唱之,不读书,不穷理,专做打坐工夫。"③则其实际修行又甚似禅宗。理学家批佛多是如此。

　　由以上宋代理学家代表人物的情况可知,宋代理学曾借助于佛家的宇宙观、心性学说以及方法论,重新组织、发挥儒家学说,建立起更严整的伦理政治思想体系。这一体系显然更为适应当时经济基础与政治需要。

　　理学的思想统治建立之后,中国士大夫对佛教基本采取两种态度。一种是坚持儒学正统,抵制与批判佛教。这是理学的主流。在这种思想潮流之下,佛教思想的市场缩小了。南宋之后,佛教对思想学术的直接影响大为降低。但这并不是说这类理学家就与佛教思想绝缘。实际上就是标榜反佛的理学家也往往窃取、贩卖佛说。例如继承陆九渊"心学"的王阳明,在言论上反对禅宗,但他的"致良知"的理论正是有取于禅宗的。江藩《国朝宋学渊源记》指出:"儒生辟佛,由来已久,至于宋儒,辟之尤力。然禅门有语录,宋

---

① 盛如梓《庶斋老学丛谈》中之上。
②《象山语录》卷四。
③《宋元学案》卷三四。

儒亦有语录；禅门语录用委巷语，宋儒语录亦用委巷语。既辟之，而又效之，何欤？盖宋儒言心性，禅门亦言心性，其言相似，自亦混同，故儒者亦不自知，而流入彼法矣。"还有一些反理学的人物，则直接到佛家那里寻求理论武器。例如李贽，他辞官不作，最后削发在家。他肯定人的"最初一念之本心"，而反对"以见闻道理为心"[①]。特别是反对理学家的尊孔，反对以孔子之是非为是非，主张"穿衣吃饭即是人伦物理"[②]。他的"异端"思想是现实条件下的产物，但建立自己的思想体系却多借用佛家的理论。

在近代哲学史上，佛教思想仍有一定影响。鸦片战争前后，改良派龚自珍、魏源等都有倾心佛教的表现。康有为所著《大同书》，为其改良政治纲领，即吸取佛家"慈悲"、"济世"思想来建立未来的"极乐世界"。谭嗣同在《仁学》中，利用唯识学和禅宗观点来阐发其平等、博爱理论，借用佛教灵魂不灭的信仰来宣传冲绝一切网罗的大无畏精神。梁启超则把佛教唯心主义等同于康德哲学，认为佛教是智信而非迷信，欲以包括佛教在内的东方文明来挽救资本主义发展所造成的危机。章太炎在《訄书》中也利用唯识思想来作为宣传革命的依据，并推崇所谓"佛教无神论"。这些人是在新的条件下，利用佛教来阐发自己的观点，距离佛教思想本来意义已相差很远。但这些人宣传革新，却又到古老的宗教思想中寻找灵感与依据，可见他们受旧东西的束缚又是多么严重。他们借助佛教思想，不过是已走向衰落的这一宗教的回光返照而已。

总观佛教思想影响于中国哲学的情况，可以看出这一外来宗教思想，对中国哲学的影响逐步深化，最后在理学形式中，已与中国思想学术融为一体。儒、佛加上道家与道教的联盟与统一，铸造了中国专制政体的思想武器。从这个角度看，佛教思想发挥它的

---

① 《焚书》卷三《童心说》。
② 同上卷一《答邓石阳》。

影响与作用，在中国的移植与发展是成功的。但佛教作为一种宗教，其哲学是为宗教服务的。它有其有价值的部分，但在本质上是唯心主义的、又有着宗教的消极、颓废、愚妄的特色。它在丰富了中国哲学的同时，也带来了许多片面、谬误的东西，成为中国民族文化中消极、落后的因素。对这个方面也是必须有清醒的认识的。所以在今天，批判宗教唯心主义，肃清其在各方面的影响，仍然是思想理论战线的重要任务。

二　佛教文献与史学

　　佛教遗存下大量典籍。仅以汉语文献来说，其中有大批翻译的经、律、论，亦有许多中国佛教徒的撰述。这一节介绍一下汉语佛教文献在史学上的价值。

　　在中国，把佛教著述加以汇总、整理、编目的工作，在东晋道安时即已正式开始。道安有《综理众经目录》一书，俗称《安录》。以后，历代王朝公私屡有经录的撰述。全部的佛教典籍称"一切经"，又称"大藏经"。汉文藏经的一个特点就是大量收集中国人的著作，而且随着新著作出现又陆续入藏。自宋初开始，随着我国印刷术的发达，遂有官、私大藏经的刻印。在我国，汉语大藏经刻印过二十次以上。现在中华书局正在出版经校订的新的《中华大藏经》。

　　这庞大的文献堆积中包含着极其丰富的历史资料。特别是其中保留了不少古代印度与中亚的史料，由于有关当地当时的文献短缺，这些史料对于研究古代印度、中亚历史极其宝贵，这里不拟赘述。以下只介绍与中国史学有关系的材料。涉及到一些专门学科，如思想史、文学史、语言学史等等方面，本书其他章节另有论列，这里提出的都是一般的史料价值重要的著作。

这些著作可分为以下几类。

护法著述。重要的有梁僧祐编《弘明集》十四卷。其序言称"道以人弘,教以文明。弘道明教,故谓之弘明集"。本书体例为总集,选录自汉末至梁代僧俗作者百二十二人的论著一百八十三篇。唐道宣编《广弘明集》三十卷,此书为续《弘明集》而编,亦属总集类,录作者一百三十余人的作品三百余篇。此书体例与前书不同,分为归真、辨惑、佛德、法义、僧行、慈济、戒功、启福、悔罪、统归计十篇,每篇都有编者论述。这两部书虽为护法而编,以佛家文字为主体,但亦采录了不少反佛论著。编者是把这一部分文章当作批判材料来辑录的,从中表现了编者对佛法的自信。这样从对立双方文章的对照中我们可以看到当时论战的情形,而且不少作品不见他书,赖此二书得以保存。

僧传。主要是僧人传记。重要的有:梁慧皎撰《高僧传》十四卷。本书为类传体,分为十门,即译经、义解、神异、习禅、明律、忘身、诵经、兴福、经师、唱导。传主自后汉至梁共二百五十七人,附见二百余人。每一门都附有撰著者评论,也是佛教史的重要材料。又本书称"高僧"而不称"名僧",是表示佛家以高蹈绝尘为贵,反对沽名钓誉的俗僧。又唐道宣撰《续高僧传》(又称《唐高僧传》)三十卷,为续慧皎传而作。亦分为十门,惟名目有所变动。计有译经、义解、习禅、明律、护法、感通、遗身、读诵、兴福、杂科,传主自梁末至唐初计四百九十八人,附见二百二十九人。与慧皎书一样,每科亦系以论述。又宋赞宁撰《宋高僧传三集》(又称《宋高僧传》)三十卷,为续道宣书而作。此书体例与道宣书同,唯在具体人的传末亦时有论述。传主自唐高宗时至宋初计五百三十一人,附见一百二十六人。属于同类的著述还有明如惺撰《明高僧传》等。另外还有专门的传记,包括记述禅宗师弟子传法事迹和言句的传记,取灯火相传之意,称之为"灯录"。这类书中现存最早的是唐释智矩撰《宝林传》原十卷,现佚存不足七卷,为谱录体,记载自释迦至三十祖传法故事，其中史实虽不可靠，年代亦多错谬，但却是禅宗史早期史料之一，保持了早期禅宗传说的原始面貌，并且为一些后期灯录所依据，因而值得重视。又《祖堂集》十五卷，静、筠二禅师于南唐保大二年（952）编撰，现存者是 1245 年刻于朝鲜的版本，在韩国庆尚南道迦耶山海印寺发现。亦为谱录体，虽按世次记载，但并未明确标出传法宗派世系。这是研究禅宗史的最早的完整的文献。由于宋代灯录多经文饰，而此本文字朴质，较多保存了原始资料，值得重视。又宋道原撰《景德传灯录》三十卷，亦为谱录体，记载禅宗传法者计一千七百零一人，有机缘语句者九百五十一人。自五祖弘忍后列出旁出法系，慧能后则分为南岳、青原二系记述。此书重在记言，是公案禅盛行的产物。书中又附列外宗禅门达者，以及著名禅师语录及赞颂诗文等。《景德录》之后，又有李遵勖撰《天圣广灯录》、惟白撰《建中靖国续灯录》、悟明撰《联灯会要》、正受撰《嘉泰普灯录》。五灯各三十卷，其中多有重复，南宋时释普济删繁就简，合五灯为一，成《五灯会元》二十卷。此书不仅分南岳、青原两系，且下详分"五家七宗"，内容总括五灯，记述上简明扼要，便于流通。因此《五灯会元》出，前五灯除《景德录》外不见流行。另外，个人专传有慧立、彦悰合著《大慈恩寺三藏法师传》等；唐义净有《大唐西域求法高僧传》二卷，是专门记叙唐代赴印度求法僧侣六十余人事迹的；清彭绍升《居士传》五十六卷，则是专门记述自东汉以来历代著名居士的言行的。

　　佛教史书。这是佛教徒自己撰写的史书，当然有自神其教的用意。重要的有：南宋志磐《佛祖统纪》四十五卷。志磐为天台宗人，所著为以天台宗为中心的佛教史。此书仿正史体，列本纪、世家、列传、表、志等。本书虽以天台宗为正统，但史料采择较广，对其他宗派以及与外教关系亦有记述。又元念常《佛祖历代通载》二十二卷。此书为编年体，而以禅宗为正统，记载自佛教传入至元元统元年（1333）史实，史料搜录亦广，且多有论断，收采佛教碑碣等文献亦较详备。又元觉岸撰《释氏稽古略》四卷,此书亦为编年体,内容止于南宋,在记述中并列叙历朝兴衰,材料简要。又明幻轮撰《释氏稽古略续集》,是续前书的,记载材料止于明天启七年(1627)。

经录。这是著录佛教典籍的目录书。最早的经录是前述道安《综理众经目录》即《安录》,原书已佚,保存在僧祐《出三藏记集》里。梁僧祐的《出三藏记集》十五卷,又称《祐录》,是目前保存完整的最古的经录,且其内容远远超出目录的范围。全书前有总序,下分四部分。第一部分一卷为撰缘记,总叙佛经及译经缘起;第二部分四卷为诠名录,是东汉末到梁代的译经总目录,《安录》包含其中,著录以时代、撰人分类,又有异译、失译、疑伪经录,共 2162 部 5310 卷;第三部分七卷为总经序,共收经序及后记百二十篇,书名《出三藏记集》的"出"即译出之意,这些经序与后记统称出三藏记;第四部分述列传三卷,是译人传,计外国人二十二人,中国人十人。又隋费长房撰《历代三宝记》十五卷,本书与前书体例不同,著录采取纪年方式,分三部分。第一部分三卷为帝年,分列历代时事、佛事、出经年表;第二部分九卷为代录,分朝代列出各朝经录,前有叙论,次列经名卷数,后列译人传记;第三部分二卷为入藏录,分大、小乘经入藏目录,计佛典 1076 部,3292 卷。书后为序目一卷。又唐智昇《开元释教录》二十卷,本书分两部分,第一部分十卷为甲录,分十九朝代加以著录,计译人一百七十六人,每人先列译述,每部下附出经年月、地点、异译等考证,再总列安传或重出,最后总叙诸家目录;第二部分十卷为乙录,分有译有本、有译无本、支派别行、删繁略重、拾遗补阙、疑惑再详、伪妄乱真等七种情况加以著录,最后为入藏录,总计 1076 部,5048 卷。以后还续编多种经录,最后一部经录是元吉庆祥编《至元法宝勘同总录》。

游。中国僧侣西行求法留下的游记是重要的史地资料。上一章《西行求法》节已介绍过晋法显的《佛国记》和玄奘的《大唐西域记》。在他们二人之间,有宋云与惠生等人受北魏胡太后派遣西行,宋云著《家纪》,惠生著《行纪》,又太武帝末年旅印的道荣有《道荣传》,三书已佚,佚文现残存在杨衒之所著《洛阳伽蓝记》内。另外有两部外国人所写汉文著述。一部是新罗僧慧超撰《往五天竺国传》三卷,有敦煌本,首尾残缺,慧琳《一切经音义》卷一百中亦有引录。另一部是日本僧人圆仁撰《入唐求法巡礼行记》四卷,记述自日本承和四年(838)至十四年(847)在中国求法巡礼情况。

佛教类书。主要有道世撰《法苑珠林》一百卷。此书广采佛家故实,分门别类,计百篇,下分六百四十余目。每篇前有编者述意,篇末或部末多有感应缘故事。全书博引经、律、论书,并引用外典一百四十余种。

语学著述。后有专节介绍。

以上介绍的是史料价值比较大的中国人的重要著述。佛家著述普遍存在两个缺点:一是作者出于宗教宣传的需要,多有夸张不实或牵强附会之辞,例如在僧史、僧传里,为了神化佛教人物就加叙灵异与传闻,或把历史上的名人归附到佛门之下;二是不少作者不娴史学,因此一些书中记述史实错谬颇多。但由于这些书中所记述的许多方面内容多为外典所忽略,所引文献多已散佚,因此有十分宝贵的史料价值,去芜取精,对于史学与一般学术研究都是很有用处的。

首先,这是研究宗教史必用的基本材料。中国历代官修正史中对佛教记述不多,专门的佛教志只有《魏书·释老志》、《元史·释老传》两篇;有关佛教人物记述也很少。在官修史书中,沈约、姚思廉之史皆不为沙门立传,直到唐初修《晋书》,在《艺术传》中才收入佛图澄、僧涉、鸠摩罗什、昙霍四人传记。所以研究佛教史,利用佛家遗存的材料是必然的。由于古印度对史实没有编年记叙,而在中国编年史传统中形成的佛教著述,一般年代、地点记载都很清楚,这不仅对研究中国佛教史很有价值,对研究一般佛教通史也很

　　宝贵。例如中国译经的记录，对经典流传、翻译情况、出经年月都有记载，从中可以考察原典出现的层次与时代。另外，佛教典籍中涉及许多外教的材料。例如在佛、道论争中，包含不少道教方面的材料；在天台宗的《佛祖统纪》里，还记述了摩尼教、祆教的材料。这对研究一般宗教史也都很有价值。

　　其次，这些资料可以作一般史料来使用。例如研究六朝时期的社会情况，佛教文献中有许多材料可作参考。《世说新语》是记述东晋上层社会情况的重要著作，其中提到僧人近二十人，但其中只有一人佛图澄见于《晋书·艺术传》，然而在《高僧传》里几乎每个人都有记述。《出三藏记集》的经序与列传里，也保留了不少当时的史事。禅宗在唐宋时期影响巨大，及于社会生活的许多方面，但有关史料主要赖禅史、灯录得以保存。我们研究那一时期的思想史、文化史、文学史等，都离不开禅宗史料。

　　再次，佛教文献提供了大量辑佚与校勘方面的资料。其中保存了许多佛教著述自不待言，还留存下不少非佛教的著述，例如著名的范缜的《神灭论》即见于《弘明集》，阮孝绪《七录序》见于《广弘明录》。而在六朝时期文献如萧统《文选》中，收录佛家文字绝少。所以明、清人编南北朝时期诗文总集，如明冯惟讷《古诗纪》、梅鼎祚《古文篇》、张溥《汉魏六朝百三名家集》以及严可均辑《全上古三代秦汉三国六朝文》，都曾利用《弘明集》、《出三藏记集》等书。《法苑珠林》以及玄应、慧琳的两部《一切经音义》，引用了大量已佚古籍，更成为辑佚、校勘的重要材料。

　　第四，这些文献提供了研究中外史地、中外文化交流、边疆史的材料。如译师的传记与经序中，保存了佛教流通的史迹，同时也多记载印度、中亚以及今新疆地区的历史、地理情形。中国与天竺、中亚，中国与朝鲜、日本，中国与南洋诸国交流的大量史实，也赖这些材料保存。而中国僧人西游的游记，更是研究印度、中亚史地的宝贵资料，许多方面填补了这些地区历史文献的空白，已广泛引起中西学者的重视，成为研究有关课题的必备书。

　　第五，佛教经录在目录学上有巨大价值。中国史籍对佛典著录很少，佛教经录则补充了这方面的阙失。从经录中不但可以看到佛教传播情形，也可发现一般文化发展的侧面。

　　目前，佛教文献的发掘与整理仍有许多工作可做。随着佛教研究的进展，对佛教文献的科学的研究、整理、使用也需加强。做好这方面的工作，对史学和一般学术研究一定会有巨大的助益。

三　佛教与中国伦理

　　宗教以信仰确立修证目标，但又教导人们过一种符合教义的现实生活，所以世界历史上那些组织化、制度化的宗教教条中包含丰富的伦理内容。佛教亦是如此。

　　佛教把"诸法无我"作为"三法印"之一。自原始佛教阶段起就论证"人我空"，否定人的主体的存在与价值；但它的这种否定的出发点却又是为了解决人生的现实问题。这就是佛家经常说的佛陀以一大事因缘出现于世，即要把人从生死轮回的痛苦中拯救出来。这种矛盾的态度表明，佛教教义的整个出发点是以个人为本位的；佛家人生伦理的性质是悲观厌世的。当然，也不可否认它的伦理思想在某一时期、就某一问题、或在人的某些具体实践中是有积极意义的。

　　如前所述，佛陀生前在教化说法中就不注重那些远离生活实际的形而上学的问题。他的教义的许多内容是关于人生伦理的。他本人是教主，又是伦理导师；他奠定了佛教的伦理性质。佛教的基本教义之一是"诸恶莫作，诸善奉行"，以善、恶作为判断宗教实践的标准。原始佛教的"八正道"是达到解脱之道，主要内容是关于伦理修养的。佛陀给在家人与出家人制定了许多戒律,其中有关专门的宗教仪式、宗教行为的规定较少,多数是个人伦理规范的条文。前已提到,早期佛典中有一部《六方礼经》,教导人要尊老敬长、友爱兄弟,敬重师友等等,让在家信徒作一个社会上的善人。宗教是广大徒众的实践活动。佛教的伦理体现了这种指导实践的要求,而且它的伦理规定又有适应群众一般要求的特点,这就使它的教义得以推行。例如佛教五戒之一戒淫,对出家人严禁两性关系,而对在家信徒却可以通容。这种戒规的伸缩性就避免了它作为宗教教规的极端与不合情理,使得更多的人得以接受。

宗教伦理的重要特点是与信仰相结合,具有强制性与盲目性,例如无原则地戒杀、不抵抗、忍辱;它又为一定的阶级利益服务,实际上是教化、驯服于社会统治体制之下的人。佛教用来规范人的是弱者求安慰、求解脱的伦理,要人驯顺、容忍、不争。就中国的情形说,佛教输入之后,在伦理方面又极力与中土固有传统、主要是儒家传统伦理相调和,把观念与行为纳入到专制政治体制的之中,外来佛教的伦理戒律从而成为传统道德规范的补充,进而有助于强化对人的精神束缚。不过佛教伦理在形成中国人的民族性格和生活习俗所起的作用又是复杂的,例如在培养人的慈悲心、感恩心、戒惧心、忏悔心等方面,所起的作用又不全是负面的。

佛教作为"方外"社会组织,输入中国伊始,就遇到如何处理、调整与中央集权的统治体制相矛盾的问题。佛教方面基本上一直是采取驯顺的、退让的姿态的。历史上虽然也提出过"沙门不敬王者"之类试图与社会统治权威相抗衡、谋独立的主张,行动上也进行过一些抗争,但是从主流看,却是能够明确认识到"不依国主,则法事难立",自觉地把自身置于朝廷的庇护之下。佛陀创建的僧团本来是修道者自愿组成的封闭的团体,接受各阶层信众供养,与社会统治权威没有隶属关系与服务义务。但发展到大乘佛教阶段,与社会政治、经济发展形势相适应,佛教的世俗色彩加重,参与社会活动更加积极,与世俗政权的关系也更加密切了。新层次的大乘经典《仁王般若经》、《金光明最胜王经》等都宣扬维护王权,歌颂帝王功德。在高度集权专制体制的中国,这类经典更得到突出重视,成为佛教发挥"护国"功能、"以教辅政"的依据。中国历代王朝佛教发展程度不同,所处地位不同,但其宗教权威一直没能超越世俗统治权威,本质上乃是后者的附庸、奴仆。在北魏,朝廷任命僧官,沙门统法果把礼拜天子等同于礼拜佛,说天子乃是真正的佛①。到了唐代,武则天篡夺李唐王朝政权,曾利用《大云经》里女主临世的预言,所谓"释氏开革命之阶"。元代修订的《敕修百丈清规》里把祝颂君主的《祝厘章》、《报恩章》放在前面,直截地表明佛教屈从世俗统治的地位。这些事例表明,佛教在中国的发展中已逐步谐调地融入到专制政治体制之中。比较之下,在与世俗统治关系上,佛教与道教明显有所不同。道教是在分散的民间教派基础上发展起来的,虽然后来也同样被编制到社会统治体制之下,但仍遗留某些与这种体制相对立的内容。历史上的民间反抗活动不少是利用道教旗号的。中国佛教与外国的基督教也有所不同,基督教在中世纪曾建立起凌驾于世俗统治之上的神权统治。而在中国历史上,佛教一直对大一统的国家政权采取驯顺、调和的立场。

佛教在中国被集矢的焦点之一是否定君臣父子,毁弃伦常。而在佛教方面进行辩护,则竭力表明这是对教义的曲解。开始的时候,如东汉末的《牟子理惑论》辩护说佛教徒离世弃欲、成就佛道乃是真正的忠孝;东晋的孙绰则说"周、孔救极弊,佛教明其本"②,即是说儒家只能解救社会的弊端,而佛教更能够直契道德的根本。这都是说佛教伦理不但不违背传统的儒家,其水准更高于儒家。后来更把佛教戒律与儒家伦理统合起来。北齐的颜之推说:

---

①《魏书》卷一一四《释老志》。
②《喻道论》。

> 内外两教,本为一体,渐积为导,深浅不同。内典初门,设
> 五种禁,外典曰仁、义、礼、智、信,皆与之符。仁者,不杀之禁
> 也;义者,不盗之禁也;礼者,不邪之禁也;智者,不淫之禁也;
> 信者,不妄之禁也。[1]

再后来,天台宗创始人智顗直接用儒家的五常比附佛门的五戒。唐代的宗密又以《周易》的"四德"元、亨、利、贞配合佛身的"四德"常、乐、我、净[2],并同样以五常配五戒[3]。宋代的契嵩作《辅教篇》,也提出同样的主张。在佛典译介上,则通过"格义"、增删、篡改的办法,使经典内容适应中国的伦理道德。例如早在康僧会译《六度集经》时,就把慈悲等同于儒家仁爱,甚至有宣扬仁爱的文句。六朝人所译《善生子经》是宣扬孝道的;《盂兰盆经》叙述目连入地狱救拔以悭吝坠为饿鬼的母亲的故事。中国人又制作了一些伪经,如《提谓波利经》论述儒与佛在仁爱上的一致;《父母恩重经》则宣扬慈孝。佛教徒出家本来违反中国人的报本养生之道,但由于容许在家修行,也使这一矛盾得到了缓和。甚至佛教僧侣也讲究孝道,并出现了一批孝僧。这样,佛教在伦理上支持世俗统治的儒家道德,在某些方面甚至起到补充、辅助作用。

佛教伦理的核心是慈悲。这种观念早在佛陀时代就有,到大乘佛教得到更充分的发挥。这是建立在诸法平等观念上的对众生的爱。菩萨为救拔众生而住世,情愿不超脱轮回之苦,慈、悲、喜、舍称为"四无量心"。龙树说:

> 大慈与一切众生乐,大悲拔一切众生苦。[4]

郗超解释慈、悲含义:

---

① 《颜氏家训》卷五《归心》。
② 《摩诃止观》卷六。
③ 《禅源诸诠集都序》。
④ 《大智度论》卷二七。

何谓为慈？ 愍伤众生，等一物我，推己恕彼，愿令普安，爱及昆虫，情同无异。何谓为悲？ 博爱兼拯，雨泪恻心，要令实功潜著，不直有心而已。[1]

这种慈悲观有与儒家所讲"推己及人"、"恻隐之心"的仁爱等相同的一面，但又有所不同。儒家讲的是"立于礼"之上的区别等级名分的"爱人"，而佛教主张对一切有情以至无情物的平等不二的爱，也是超越了爱憎的绝对的爱。佛教成立初期，用这种慈悲思想反对婆罗门等级压迫是有积极意义的；在后来的发展中，普度众生、利乐有情的说教与行动在一定条件下也有积极性。但从总的倾向看，这种平等慈悲的教义是以宗教幻想掩盖现实的阶级压迫，有其本质上的虚伪性与空想性。真正一视平等的慈悲观在实践上是不可能的。例如戒律规定不杀生，这是慈悲的表现，把杀生视为重罪，所以早期印度佛教徒随身要携带滤水器，以免饮水时喝掉水中的小虫；又不能劳动，因为劳动要伤害土中虫。又例如佛教主张布施，这是大乘"六波罗蜜"之一，是修行的主要内容。布施是以无我为根据的，无我则无我所、无我执，那么从资财到身命都可以布施。但僧侣们却主要是劝信徒布施，以解决他们自己的衣食问题。在中国，僧侣依靠布施建立广大的寺院，华屋广厦，丰衣美食，形成了一个僧侣地主阶层。这都表明了慈悲说教的虚伪性。

佛教伦理的另一个重点是忍辱。忍辱在"六波罗蜜"中次于"布施"占第二位。这也是讲人际关系。《六度集经》卷三中说："忍不可忍者，万福之原。"忍辱就是要人耐怨害、安受苦，并认为这是智慧的表现。在中国的道家思想里，就有宣传忍辱退让的内容。但道家又讲以柔弱胜刚强。佛教则只取其前一面，更以业报轮回为依据，发展为今生受苦，来世得报。这样，就要人们安于现状，忍辱负重，不抵抗、不斗争，甚至没有怨怒。因为佛教认为贪、瞋、痴

---

[1]《奉法要》,《弘明集》卷一三。

是"三毒"，对一切邪恶事物都要忍让、宽容。在小乘《本生经》里，有许多菩萨忍辱故事，如舍身饲虎等等；大乘佛教要证知诸法如幻，离一切观行，更要能忍。忍辱的一个办法就是高蹈绝俗，直截的方式是出家，割断一切情缘，也就无视现实矛盾了。即使不能出家也要离欲，就是压制正常的人生需求，实行宗教禁欲主义。中国儒家的中庸之道、道家的忍让求安和佛家的忍辱教义，都宣扬屈从、不斗争的伦理，三者互相补充，统治了人们的灵魂，影响特别深远。

佛教宣传宿命论与来世幻想，作为推行其伦理的根据。本来，佛教的业报理论和无我说有其辩证成分，但越往后发展，特别是在中国的条件下，越陷入迷信与形而上学。慧远宣扬三世果报，认为此生的苦难是前世罪孽决定的；又把人们行善得报的希望，放在渺茫的来世。而六道轮回又惧人以三恶道（地狱、恶鬼、畜生）之苦。从六朝隋唐时期，佛教信徒就制造了一大批因果报应故事。例如刘义庆《幽明录》、《宣验记》、任昉《述异记》、颜之推《冤魂志》、唐临《冥报记》等，都把这种故事作为主要内容。从佛寺中的讲经宣传，直到变文、话本、宝卷、弹词等民间文艺，也都讲说、搬演这类故事，使得对轮回报应、净土地狱等迷信深入妇孺，让人们驯服地服从佛教的伦理规范。佛教伦理与信仰、迷信相结合，对人们的约束力更强，危害也更大。

这里揭示佛教伦理的阶级本质及其危害，并不否定历史上一些佛教徒的道德风范，也应肯定目前中国佛教界革新宗教伦理的意义。我国历代确实有许多佛教信徒怀抱着虔诚的救拔众生之心，或舍生求法，或济世救人，或从事慈善事业，如此等等，他们的品德、活动都是值得赞扬的。还有些佛教徒发扬了佛教"无我"教义，不为物欲所束缚，培养一种不爱官、不争能的淡泊之志，以至对统治阶级的权势、名利、地位进行批判，在历史上也有相当的进步意义。至于今日的佛教界，提倡人间佛教思想，奉行五戒十善以净化自己，广修四摄六度以利益人群，自觉地利乐有情，庄严国土，与历史上的佛教面貌又有所不同，在伦理道德上可以说是发扬了佛教传统伦理的积极成分，而与今天新社会道德相协调。至于国际佛教界在加强各民族友好、保卫世界和平、促进社会进步上作出的积极贡献，也是应当高度评价的。

四　佛教学术与汉语语言学

　　中国的汉语佛典传译，是外来语向汉语第一次大规模的输入。同时在汉译佛典中，包含有许多涉及语言理论的资料。这样，佛教的传播就对中国古代语言科学和汉语的发展产生了深刻的影响。

　　印度声明即语言文字之学，是佛教教学的一个组成部分①。在佛教教义中，也涉及到语言问题，对语言理论提出了不少有价值的见解。在部派佛教有部对宇宙万有的分类中，名身（概念）、文身（字母）、句身（文句）属于既不属色、又不属心而有生灭变化的"心不相应行法"，这是对语言本质的一个规定。后来大乘唯识学继承了这个观点。大乘佛教主张诸法性空，那么名身、文身、句身也是性空的，没有自身的质的规定性；但又认为"施设众名，显示诸有"②。这种"假名"的理论与我国古代荀子"约定俗成"的观点相通。大乘佛教认为终极真实不能用语言表达，所以要离言说相，离文字相，言语道断，心行灭处。但又要求不离假名而说诸法实相。《般若经》中提出了一个公式："佛说般若，即非般若，是名般若。"意思是佛陀言教中指示的般若正智，并非绝对真实的般若，但又是通

---

①佛教教学有"五明"，除声明外，还有工巧明即工艺术数之学、医方明即医药学、因明即佛家逻辑和内明即佛教教义研究。

②《楞枷经》卷四。

过假名来说明它。这样，许多经典又十分强调语言的作用，如说：

> 善知诸法实相，亦善分别一切法、文辞、章句。①

> 是般若波罗蜜因语言文字章句可得其义，是故佛以般若经卷殷勤嘱累阿难。②

这样，又肯定了语言的功能。这些涉及语言的本质及其功能的见解，被中国佛教义学沙门所接受，自六朝时期，言、意关系成了佛教教学经常讨论的课题。僧肇提出了"言虽不能言，然非言无以传；是以圣人终日言，而未尝言也"③的富于辩证色彩的见解。中国佛家著述中涉及语言理论的论述很多。此外，在佛家因明中，也多有关系到语言问题的材料。因明中有"量"的概念，这是指知识来源、认识形式和判断真理的标准。量有"现量"、"比量"，"为自比量"、"为他比量"之分。为他比量就是利用语言把通过为自比量得到的认识表述、传达给别人，名身就是比量。因明中对于名身的内涵与外延，它的肯定表现（表诠）与否定表现（遮诠）也有很细致的分析。这也涉及语言学上的问题。

佛典传译对汉语的影响表现在以下方面：

词汇与词汇学。由于译介佛典，输入了大量新词。词汇是语言中最活跃的因素，所以佛教影响到汉语词汇的变化也最明显。增加的新词有三种情况：一是一些中国固有的词语，移用来表达佛教的概念，已经有了全新的意义，应看作是新词，如心、空、真、观、定等等，这都演变为表现佛教教义的专有名词；二是为翻译新传入的概念而创造的词，如四谛、五蕴、真如、法界、缘起等，创造这些词语多考虑到汉语构词结构并利用汉语原有的词作为新构成词语的词素；三是根据佛教观念而重新创造的词语和短语，如判教、狂禅、

---

① 《持世经·本事品》。
② 龙树《大智度论》卷三一。
③ 《般若无知论》，《肇论中吴集解》。

照用、万劫难复、回光返照、头头是道、本来面目。创造这些词语经过了很长的过程,往往是在许多异名中经筛选才固定下来。因为其中的许多词语具有准确、鲜明的表现力,渐渐融入一般用语当中,成为汉语中的常用词,如实际、唯心、正宗、思议、忏悔、因缘、真谛、法门、大千世界、本来无事等等。据日本望月信亨《佛教大辞典》,收入汉字条目三万五千余个,就是说汉译佛典中有这样多的佛教概念,去掉其中重复、生僻的,进入汉语并保持生命力的仍有相当大的数量。

　　对汉语词汇的影响还有以下几点:一是双音词与多音词的创造。中国上古语言单音词为主,逐渐向复合词发展是语言的进化。翻译佛典大量使用双音词与多音词,对词汇的发展起了促进作用,例如赞助、希望、意识、烦恼、机会、结集;道场、火宅、假名、戏论;种子、习气等等,这些词语本身以及在构词上的特点,对此后汉语词汇发展影响很大。二是佛典中大量使用了音译词,并总结了音译的原则。作出完整总结的是玄奘的"五种不翻",即五种情况下要使用音译:一是"秘密故",如经中的陀罗尼即经咒;二是"生善故",如"般若"可译为智慧,但为表示尊敬、启发信仰故译般若;三是"此所无故",即中土原来没有的事物或概念,如阎浮树、迦陵频伽;四是"顺古故",如"菩提"可译为"觉",但已约定成俗,也就相延不改;五是"含多义故",如"薄伽梵",凡有六义,为完全表述这些意思,只好采用音译①。在音译的基础上,中国还创造出一批音义合译词,如偈颂、禅定、有余涅槃、六波罗蜜等。随着佛典传译还输入了一些普通音译词,如刹那、劫等。第三方面是介绍了外来语文的构词法。佛家有《六离合释》一书,是专门讲构词方法的。六种方法是:一、持业释,以体用关系立名,如藏识,藏为用,识为体;二、依主释,以主从关系立名,如根本烦恼,烦恼为主,根本为从;三、有财释,以

---

①见周敦颐《翻译名义集序》。

所具内涵立名,如火宅、火属宅;四、相违释,以联合关系立名,如因缘、名色、生灭;五、带数释,标数以立名,如五蕴、四谛、十二有支;六、邻近释,以同义关系立名,如五阴和五蕴,六道和六趣,六尘和六境等。这也是比较系统地总结佛典的构词方法。其中如带数释的标数立名方法,在我国古代文献中仅有个别例子,如《墨子》讲真理标准的"三表",而佛典广泛运用后,又普及到一般著述,如刘勰《文心雕龙》就多用这种构词法,直到如今。

　　句法。佛典传译输入了许多新句法并发展了汉语固有的一些修辞形式。译师们在翻译时一般都遵循汉语语法基本规律,有限制地借鉴外来语法形式,所以新的句法运用比较协调。宋人赞宁称赞鸠摩罗什所译《法华经》"有天然西域之语趣"①,就是一个典型例子。新句法形式和大量使用的修辞形式主要有:一、颠倒词序,即多用倒装句,佛经的第一句"如是我闻"就是倒装句;二、颠倒句序,特别是因果关系把结果提前,如"法无名字,言语断故;法无有说,离觉、观故"②之类;三、多用提示的疑问句,这是一种设问与反诘。佛教徒特别注意应用"问论",即通过设问、反诘来引导出自己的结论。佛陀说法时也多用"所以者何?""何以故?""汝意云何?"等来提示;四、经文中多呼语,佛陀对弟子说法,彼此间经常呼唤以提起注意;五、经文中呼语放在句中,造成行文中顿,如"时我,世尊,闻说是语,得未曾有"③之类;六、多用排比句法,特别是在论藏里,这种排比往往是穷末讨源、条分缕析,例如《杂阿毗昙心论》中以四谛组织一切法,讲三世(过、现、未)、讲六种因(所作、共有、自分、遍、相应、报)、四种缘(因、次第、缘、增上)就用排比方式;在经文中也一样,如讲四谛,就分别讲苦、集、灭、道,然后再分析苦有八苦等;七、多用反复重叠,经文中重复非常多,这是为了造成宗教宣

---

① 《宋高僧传》卷三。
② 《维摩诘所说经》卷一《弟子品》。
③ 同上。

传的效果；八、多用长修饰语，如"以七宝满尔所恒河沙数三千大千世界，以用布施"①，"彼诸菩萨次第坐已，一切毛孔各出十佛世界微尘等数一切妙觉净光明云，一一光中各出十佛世纪微尘数菩萨……"②之类；九、多用复杂的长复合句，如"所有一切众生之类，若卵生，若胎生，若湿生，若化生，若有色，若无色，若有想，若无想，若非有想非无想，我皆令入无余涅槃而灭度之"③；十、多用夸张比喻等修辞手法。佛典输入的新句式和修辞法，对汉语语言和文章写作的影响都是巨大的。

语音学。佛典译自梵语和中亚语文，都是拼音文字。随着译经，中国人也学习了这些语言。特别是这些语言的语音知识给中国人很大启发，利用这些知识总结汉语语音规律，大大推进了汉语语音科学的发展，造成了中国音韵学的巨大进步。这主要表现在两方面：一是切韵的发明（这里所谓"发明"，是发现解明之意，并非指创造）；一是四声规律的总结。

中国古代注音用直音，例如《说文解字》的注法就是某字某音。这不仅在注音上不方便，而且表明对音素尚未能分解，对语音的了解还很原始。后来随佛教传入，带来了外语拼音文字的知识，对汉字字音进行了分析，才分解出声母与韵母，从而发展了反切。到唐末守温以若干汉字为标记来表示汉语声母系统，从而为等韵学奠定了基础。因此马端临说："自汉佛法行于中国，又得西域胡书，能以十四字贯一切音，文省而义广……"④反切法的总结，造成了音韵史上的一大进步。

四声的发明，佛教也起了重大作用。慧皎《高僧传》说：

①《金刚般若波罗蜜经》。
②《华严经》卷三《卢舍那佛品》。
③《金刚般若波罗蜜经》。
④《文献通考》卷一八九《经籍考》。

> 天竺方俗,凡是歌咏法言,皆称为呗。至于此土,咏经则
> 称为转读,歌赞则号为梵音。①

历史上传说二者都是曹植所制。传说虽不可信,但梵呗在魏晋以
后流行则是事实,僧传上记录了不少善声沙门,如晋代的支昙籥、
释法平,刘宋的僧饶、道慧、智宗等。《隋书·经籍志》著录晋张谅
撰《四声韵林》二十八卷,正是在大量传译佛经之后。而一般认为
发明四声的是南齐时的沈约等人。永明年间,齐竟陵王萧子良信
佛,不少胡僧集于京城建康,佛经唱导十分盛行。他大集善声沙门
于京邸,造经呗新声。《南齐书》上说:

> ……移居鸡笼山邸,集学士抄五经、百家,依《皇览》例,为
> 《四部要略》千卷,招致名僧,讲语佛法,造经呗新声。②

这实际是考文审音的一件大事。沈约等西邸学士,正是总结了这
种成果,才概括出四声,并出现了周颙《四声均韵》、刘善声《四声指
归》、夏侯咏《四声韵略》、王斌《四声论》等著作。如王斌本人就曾
为僧人,以能唱导而知名。总结出四声,在音韵学上是个大的进
步,影响极为深远。例如只有明确了"四声",才能在诗中自觉地应
用它而规定出"八病"。把四声再加分类,归纳为平、仄两声,才能
由消极地避免病犯发展为积极地讲究韵律,从而导致近体格律的
形成。而近体诗的形成是中国文学史上的重大成就。

　　语音现象本是客观存在。总结出规律,上升为理论,要有一个
过程。例如中国古人作诗,也利用声韵造成音调和谐,但并未睹其
中的规律。总结出规律来,才能自觉地运用。在音韵学的这个发
展中,由于佛教传入带来了梵语等拼音文字的语音知识,起了决定
性的作用。

---

① 《高僧传》卷一五。
② 《南齐书》卷四〇《武十七王传》。

　　佛教徒为了研习佛典，著作了一批专用的语言工具书，在语言学以及一般学术上有很大的价值。这其中主要的是音义一类著作。据《大唐内典录》，早在北齐，释道慧就著有《一切经音》，现已佚。现存最重要的是唐代玄应和慧琳的两部《音义》。玄应的《一切经音义》或称《众经音义》二十五卷（或十五卷），解释佛经音义，依陆德明《经典释文》例，先录难字，再详注音训，又广引字书、传记以明之。阮元说：

　　　　玄应通晓儒术，著书该博，所引群籍，如郑康成《尚书注》、《论语注》、《三家诗》，贾逵、服虔《春秋传注》，李巡、孙炎《尔雅注》以及《仓颉》、《三仓》，葛洪《字苑》、《字林》、《声类》，服虔《通俗文》、《说文音隐》，多不传之秘册。①

所以，其价值远超出语言工具书的范围。引用外典百数十种，或早已佚失，或存有异文，都很有价值。又慧琳《一切经音义》或称《大藏音义》一百卷，光绪年间自日本传回，系据玄应等各家著述纂集成书，共释佛典一千三百余部计五千七百余卷文字音义，引用佛典之外，也广引古代韵书、字书及已佚外典著述，部帙大于玄应书数倍。除了这种综合音义之外，还有一些单经音义。例如唐慧苑《新译大方广华严经音义》二卷，亦称《慧苑音义》，是注释唐译《八十华严》的，在经藏中与玄应书同函，引书亦多，颇有价值。辽希麟著有《续一切经音义》十卷，是续补《慧琳音义》的，亦自日本传回我国。除音义一类书之外，宋法云编有《翻译名义集》七卷，共收音译梵文词语二千零四十条，各举出异译、出处，加以解释，所据材料除经论外，还旁及音义、注疏及外典，引书四百余种。此书与宋道诚编佛教类书《释氏要览》、明编《三藏法数》统称"佛学三书"，广为习佛者所应用。又唐义净编《梵唐千字文》，是我国第一部双语辞书。以

―――――――――

①《一切经音义提要》，《揅经室外集》卷二。

上著述,作为语言学著作的价值自不待言,清代学者还广泛用于校勘、辑佚等项研究之中。

最后还应指出,对于唐宋时期口语的研究,禅宗语录提供了第一手材料。禅宗和尚师弟子间传法、斗机锋、说公案,都用口语。因为禅宗不重经论,且多保持超世骇俗之风,遂有意避用士大夫的典雅语言。道学家也用语录,但那多是文人化的口语,不如禅师的纯真亲切。因此研究中古口语、俗语,必须利用它们。语录较多保持原始面貌的是《宝林传》和《祖堂集》。宋传的语录经后人加工过,应有分析地使用。语录类著作除第二节所介绍的之外,还有许多个人的语录如《马祖录》、《临济录》等,也可以利用。

五　佛教与中国文学

佛教传入中国之后,影响于中华学术最明显的有两方面,一是思想的转变,一是文字的表现。而这两方面,都关系到文学。清人刘熙载说,中国文章蹊径好尚,"佛书入中国又一变"[1],绝非夸大之词。佛教不仅影响到文人的生活、思想意识和创作,还影响到文艺理论;不仅影响到文人文学,而且广泛地影响到民间文学。

佛教深刻影响于中国文学的原因,除了宗教与文学这两种意识形态有着相接近的特质(例如两者都是人的主观意识的创造,都把观念诉之于形象等等)这些普遍的因素之外,还因为佛教本身很富于文学性质。佛陀本人是一位很有文学才能的人,他进行教化宣传多利用形象的、文学的形式,他的教团很富于文学气氛。我们看早出的《阿含经》,其中多用譬喻说法,多用一些富于艺术感染力

---

①《艺概·文概》。

的小故事来说明道理。早期经典可以显然分成三种类型，一种是哲理式的，一种是道德训喻式的，一种是文学的。后来经部派佛教到大乘佛教，佛典的玄想的、夸饰的特征愈加发展，文学性也就更加强烈。其中许多作品就可看做是文学创作。例如部派佛教时形成的《本生经》，本来就取材于古印度民间歌谣、寓言、传说、神话等等。佛典中的许多譬喻故事也多取自民间文学，或借鉴了民间文学的形式。许多佛传和赞佛作品就是以佛陀为主人公的传记文学。例如汉译马鸣《佛所行赞》本是一首赞美佛陀、表现其一生行事的长篇叙事诗，这首诗北凉昙无谶译为汉语，五卷二十八品约九千行，比我国古代叙事长诗《孔雀东南飞》长几十倍。而许多大乘经典亦富于文学表现，例如《法华经》以譬喻说法而有名，其中包括有名的"法华七喻"，就是七个生动的故事，像"火宅"、"化城"等喻，流传非常广泛。《维摩诘经》很有戏剧性；《华严经》则被人称作"神魔小说"，其最后的善财童子求菩萨道的《入法界品》，则被比喻为英国17世纪作家班扬的宗教小说《天路历程》。此外，佛典利用偈颂，在汉译多取韵散结合的形式，也增强了它的文学性。这样，汉译佛典带给中国文坛一种全然不同于传统创作的作品与文风，对中国文人是个巨大的冲击。中国文人惊叹它们的"深妙靡丽"[①]，"奇谲无已"[②]，深深地被它们所吸引。所以自六朝时期，文人们读诵佛典成为风气，《法华》、《维摩》等经几乎是士人的必读书。清人龚自珍有诗说："儒但九流一，魁儒安足为。西方大圣书，亦扫亦包之。即以文章论，亦是九流师。释迦谥文佛，渊哉劳我思。"[③]所以，佛教能广泛而深入地影响于中国文学，与佛教和佛典本身的特点很有关系。

　　佛教传入中国的初期，与知识阶层关系不大。当时译经不多，

---

①《牟子理惑论》，《弘明集》卷一。
②《后汉书》卷一一八《西域传论》。
③《题梵册》，《龚自珍全集》第九辑。

水平也不高,其学术、文化价值尚未突显出来;又"沙门徒众,皆是
诸胡,且王者与之不接"①。汉、魏时期,汉人是不许出家的。到了
晋代,佛教传播既久,影响扩大,文人阶层习佛者渐多。特别由于
玄风盛行,其思想与般若相合,佛教在士大夫间很快流行起来。从
《世说新语》等材料可以看出,在僧侣中已有不少文化程度很高的
人,如支遁、道安等;文人们则热衷研习佛典,与僧侣结交。这样也
就扩大了佛教在文坛上的影响。东晋文人郗超(著有《奉法要》)和
孙绰(著有《喻道论》)已能写出具有一定理论深度的佛学著作。僧
人中如支遁、慧远等则写作不少表现佛家观念的颇具水平的文学
作品。

　　南北朝时期的许多文人,往往不只喜欢佛教义理,还是佛教信
仰的实践者。宗教生活在他们的创作上打下了深刻的烙印。刘宋
著名诗人、改变一代诗坛风气的谢灵运(385—433),与佛教渊源颇
深。他是竺道生佛性新说的信仰者,写过《与诸道人辩宗论》等护
法著作;又参与释慧观等"改治"北本《涅槃经》而为南本《涅槃经》。
晚年被斥出守永嘉,与僧侣交游;移居会稽,又结交昙隆道人。他
在诗歌上的主要建树是山水诗。而山水诗的创作正与佛教信仰有
关。六朝僧人中多有高蹈绝尘、乐住山林的。他的诗中也经常渗
透宗教感情。与他并称为"颜谢"的颜延之(384—456),也倾心佛
教,与名僧慧静、慧颜等结交,写过《释何衡阳达性论》等护法文章,
批驳何承天对佛教的批判,宣扬"精灵必在"的神不灭论和"施报之
道"的报应说。南齐竟陵王萧子良佞佛,在鸡笼山开西邸,其接遇
的沈约、任昉等都是一时文坛名人;梁武帝萧衍是历史上著名的佞
佛君主,当时文坛上的代表人物如徐陵、江总、萧统也都信奉。齐
梁时代是贵族文化高度发达的时期,文人士大夫间礼佛敬僧成为
潮流,留下不少宣扬佛教的作品。

---

①王谧《答桓玄难》,《全上古三代秦汉三国六朝文·全晋文》卷二〇。

唐五代是中国佛教的繁盛期,宗派林立,名僧辈出。佛教在长期发展中与中国传统学术相结合,在此一时期结出了果实。这又是经济高度发达、文化大发展的时期。在文学高度繁荣中,许多文人接受佛教的熏习,在思想与作品中有多种多样的表现。特别是盛唐以后,禅宗发达起来,其直指心性的宗义和简洁的修持方法大受士大夫阶层欢迎,文人中习禅成为风气。所以唐五代文人多兼容儒、释,如李白、杜甫等人,都不同程度地受到佛教影响。而盛唐著名的山水诗人王维(701—761)更是禅宗信徒。他早年即研习佛说;中年后,政治上屡受打击,长期过着亦官亦隐的生活。"安史之乱"中又以受伪职被惩处,思想上走向消极,经营辋川别墅,每日诵经坐禅,与僧侣交游。他写过许多佛教文字,如应神会之请为六祖慧能写《能禅师碑》,是记述南宗禅思想的重要资料。他写的诗中更富于禅趣,表现出浓厚的宗教情绪。他的山水诗以"浑厚闲雅"[1]、"澄淡精致"[2]而独具一格,虽然思想上流露出消极倾向,但艺术上却取得很高成就。他的创作与他的禅学修养有直接关系。中唐时期,文人中有一派倡导儒学复古,力主反佛,代表者有韩愈、李翱诸人,但佛教特别是禅宗却有广泛影响。这方面作为典型的可举出白居易(772—846),他是"新乐府运动"的主要倡导者,早年政治上积极革新,颇有作为。当时政治昏乱、党争加遽,他身受贬黜,兼济之志不得施展,走向独善其身的道路。他早年即结交禅僧,精悉禅理,晚年愈加精进。在东都洛阳为分司官,退居龙门香山,自称居士。他通过悟解禅理,精神上得以解脱,度过一种任运随缘、知足保和的生活。在他身上,禅与诗、酒一样,都是这种生活的一部分。他对佛教教义没有精深的理解,对佛教宣传也没有坚定的信仰,他把宗教感情化为士大夫安逸自如的生活,并在诗中表

①司空图《与李生论诗书》,《司空表圣文集》卷二。
②蔡絛《西清诗话》。

现出来,在当时文人中有一定的代表性。这种表现也不完全是消极的,往往成为对世事的冷静的反省与批判而具有一定的现实意义。与白居易相比较,柳宗元(773—819)则是另一种情况。他是思想家、政治活动家,中唐一次著名的政治革新"永贞革新"的领导人之一。革新失败后贬居南方。他虽然与韩愈一起倡导"古文运动",二人对佛教的理解和态度却全然不同。韩反佛,而柳宗元肯定佛教。但他主要是从"统合儒释"的角度来肯定佛教的。特别是他研习天台教义,认为佛家义理可补儒家的不足而有以佐世,并认为佛教徒乐山水、嗜闲安,不爱官、不争名可以纠正趋荣慕利的世风。所以他对待佛教更多理性色彩。当然,他也写了不少宣扬迷信的作品,有愚妄佞佛的行动,但这未成为他思想的主流。他虽信仰佛教,却仍是具有唯物主义倾向的思想家与坚持革新的进步政治家。王维、白居易、柳宗元可以说是唐代文人信仰佛教的三种类型。

宋代理学建立,佛教在知识阶级中的思想影响大大降低了。但在北宋中期以前,禅宗仍广泛流传,文人中习佛风气亦盛。当时文坛延续了中唐以来的形势,有一派人继承韩愈等人传统,尊儒反佛,如孙复、石介、李觏等人,欧阳修更以一代文宗身份明确地以完成韩愈辟佛事业为己任。但有许多人却容纳、尊崇佛教。例如北宋诗文革新集大成的人物苏轼(1037—1101)对华严和禅宗都很熟悉。他历仕内外,屡次贬官,所到之处,多与僧侣交游。他的思想中,儒、道、佛、纵横,种种思想交杂,佛教的事理无碍、明心见性之说对他影响很深,人生如幻的体认、形神俱寂的追求是他的诗中经常表现的境界,禅的思理机趣也时时在诗文中流露出来。另外如苏门弟子黄庭坚(1045—1105)是宋诗中影响巨大的江西诗派的开山祖师,他是禅宗黄龙派的信徒。他写了许多崇佛作品,当时重言句、重机锋的禅风对他的创作实践与文学观念都有相当影响。

明清时期,理学已确立牢固的思想统治,佛教已经衰落不振,但一些不满于理学统治的知识分子又转而到佛学中寻求批判的武器。如明代的李贽、袁宏道,清代的龚自珍、谭嗣同,都从不同的角度接近佛教,并用不同的方式从佛教汲取滋养以批判现实,其中尤以李贽为突出。

应当指出,尽管佛教思想被中国文人所吸取,对于他们的思想与创作起了某种积极作用,但从总的倾向看,宗教意识的消极作用也是不可低估的。佛教思想之所以对文人长期具有吸引力,一个重要原因是中国长期专制制度下思想的凝滞与僵化,反映新的社会变动的新意识形态难于产生,使得外来的佛教思想显得新鲜而有活力。有些杰出人物批判地对待它,从中得到一些营养,但也有人惑于宗教迷信的诳言臆语不能自拔。

佛教与佛教思想引起了中国人意识形态的巨大改变,其中包括一系列有关文学的观念也发生了变化。也有一些中国文人自觉或不自觉地把佛教思想应用到文学理论与批评中去。所以,六朝以后,中国文学中的许多新理论与新观念往往与佛教有关。

佛教在中国迅速普及的魏晋时期正是中国"文学的自觉"形成时代。四部分,文集立,文学最终明确地从学术、文章中分化出来,文学自身的特征被强调,独立的文学理论体系在建立起来。适值这个中国文学思想史上的转变关头,佛教思想和富于文学性的佛典被文人所接受,成为促进文学观念转变的一个重要因素。六朝佛教义学的许多理论直接或间接地被运用来观察、分析文学现象,文学理论从而得出一些新的结论。例如关于文学的"真实"问题。中国古代的原始、朴素的文学观念是重实际、重政治、重伦理的,所以对文学真实的看法建筑在朴素唯物论的基础上,强调"感物而动"、"兴、观、群、怨",称赞"征实"、"实录"、"饥者歌食,劳者歌事",反对"增益实事"、"造生空文"①。但佛教的"真实"观绝然不同。它

---

① 王充《论衡·对作》。

认为现实的一切都是如梦、幻、泡、影一样虚幻不实的，而追求彼岸的"真实"。佛陀的言教，所有的经典也非真实，而只是一种"示现"、"譬喻"，真实即"实相"应当在其背后去领悟。佛家讲"真实"，又与我国道家完全否定现实价值、要求"反本归真"到本体之无不同。从中观学派的肯定真、俗二谛到僧肇的"不真故空"，又都承认现象界（假有）也是真实（真空）的一种表现。所以僧肇又说"立处即真"，"触事而真"①。这样，借鉴了佛家这种更为辩证的真实观，文人们突破了以前的那种追求"实录"、"征实"的理论，开始寻求"身外之真"②。这从陶渊明所谓"此还有真意，欲辨已忘言"③到刘勰《文心雕龙》所谓"习亦凝真"、"要约而写真"④都可以表现出来。谢灵运则称赞"入道而馆真"的"至人"⑤。这种"蕴真"、"体道"的真实观，虽有唯心的一面、脱离现实的一面，但却是对宇宙认识的开拓与深化，在文学上则开扩了表现境界，要求更高程度的艺术概括与典型化。与这个基本问题相联系的，也可以说是由它派生出来的，还有形神问题、形象问题、言意关系问题等在文学中极其重要的理论课题。在形神关系上，六朝时期论人物（如《世说新语》）、论绘画（如谢赫《古画品录》）都重"神韵"，文学上也强调"神与物游"、"体道尽神"。在形象问题上，佛教本来就有丰富的"譬喻"、"示现"的理论，又以塔寺形象为宣传媒介，使人们认识到"睹形象而曲躬，灵仪岂为虚设"⑥的事实。佛教的"借微言以津道，托形象以传真"⑦，无论从观念上，还是实践上，都直接影响到文学。至于言意

---

①《不真空论》，《肇论中吴集解》。
②支遁《八关斋诗序》，《广弘明集》卷三〇上。
③《饮酒诗二十首》，《先秦汉魏晋南北朝诗·晋诗》卷一七。
④《文心雕龙·体性》、《情采》。
⑤《入道至人赋》，《全上古三代秦汉三国六朝文·全宋文》卷三〇。
⑥释道高《高明二法师答李交州淼难佛不见形事》，《弘明集》卷一一。
⑦慧皎《高僧传》卷八。

之辨，本是玄学论辩的课题，佛家加以发展了。佛教强调"亲证"、"现观"，认为佛道为无言无相的绝言之道，但它又非言无以传，言语是一种"方便"。这样，就发展了言不尽意、言外之意的理论。以上这些问题，关系到文学的形象性、典型化等根本特征的阐发。佛教思想对于形成文学的新观念是起了积极作用的。

　　佛教注重心性问题，这也是与文学和文学理论紧密相关的问题。文学创作活动是一种具有强烈主观性的精神创造。但中国古代传统的文学观，主要强调文学活动的外部联系，如其社会功能、与现实的关系等等，而对创作者的主观世界讨论较少。佛教主张"三界所有，皆心所作"①，"心生则种种法生，心灭则种种法灭"②，强调"心"有集起、创造的功能。在这种理论之下，才有了刘勰"心生而言立，言立而文明"③的强调内心为创作主体的主张。而早在慧远时期，其所写《念佛三昧诗集序》，就提出写诗要有"鉴明则内照交映而万象生焉，非耳目之所暨而闻见行焉"④的精神境界。谢灵运不满足于创作时"事由于外，兴不自己"⑤，强调"赏心"的作用，他把内心情志的抒写当作诗歌表现的对象。刘勰也一再强调心神的作用。在认识到心识在文学创作中的能动性作用的基础上，到唐代形成了境界的理论。按"感物而动"的观念看，外境是客观的；但佛家却认为"境由心造"。唯识学提出"唯识无境"，对"外境空"作了详细论证，认为它是识体以自己的见分缘虑相分的结果。在这种"内识转似外境"⑥理论影响下，总结了文学创作实践的经验，

---

①《大智度论》卷二九。
②《大乘起信论》。
③《文心雕龙·原道》。
④《广弘明集》卷三〇上。
⑤《归途赋序》，《全上古三代秦汉三国六朝文·全宋文》卷三〇。
⑥《成唯识论》卷一。

唐代诗僧皎然提出了以心"取境"①的主张，托名王昌龄的《诗格》提出诗有三境，物境、情境、心境。唐代诗人们又提出了一系列"造境"、"境生象外"的看法。意境理论是对中国诗歌抒情特征的很好的说明，佛家心性学说给它提供了理论依据。

盛唐以后，禅宗兴起，对诗坛产生很大影响。禅的思路与诗有密切关联。所以诗人们在创作中常常自觉不自觉地表现"禅意"；禅师们则经常借诗谈禅。诗人习禅成风，禅师中出现了大批诗僧。早在支遁、慧远时，已经以禅意入诗，以禅理说诗。到唐代，人们更把诗、禅相比附。到了宋代，以禅喻诗更成为风气。但同是以禅喻诗，内涵有种种不同。有的以禅趣说诗趣，有的以禅品明诗品，有的以禅理说诗理，有的以禅法比诗法。而且借禅喻诗的人并不一定信仰禅宗，甚至不必明习禅理。但禅讲"顿悟"、讲"明心见性"、讲"不立文字"，用来喻诗，确有亲切贴合之处，对诗的理论与实践都有一定价值。如吴可等人的《学诗诗》②，提出"跳出少陵窠臼外"的独创性，要求"直待自家都了得"的真切体悟，主张写诗要通体"圆成"等，对诗创作的艺术性都是很好的阐发；江西诗派杨万里等人借用禅宗谈禅方式提倡"活句"、"活法"，对诗的艺术技巧也有所发明；特别是严羽的《沧浪诗话》，借禅以提倡丰厚的"兴趣"，浑融的意象，批判诗歌创作中陷于理障、泥于事典的形式主义，更有积极意义。后来明代李贽倡"童心说"、袁宏道倡"性灵"、以至清王士禛倡"神韵"，也都与禅思想有一定关系。

把佛教思想融入文学理论里，它的虚玄的、超世的特点必然也要表现出来。在佛教影响下谈真实、谈心性，以至以禅喻诗，必然表现出脱离现实的、玄想的倾向。这又是自中国古代文学观中现实主义传统的倒退。在事物矛盾发展过程中，这种倒退却又是不

①《诗式》卷一。
②《诗人玉屑》卷一。

可简单否定的。

　　佛教思想与佛典传译对中国各体文学创作的表现技巧影响也很大。

　　就散文来说,在六朝佛典翻译中,形成了一种华梵结合、雅俗共赏的译经体。译经体保持便于诵读的自然节奏,不讲究骈俪与雕饰,又多用短句,少用虚词,是一种与当时文坛上流行的骈俪文不同的文体。另一方面,六朝时期僧侣护法斗争中,写了大量议论文字,发展了卓越的论辩技术。这类文字按当时流行的文学观念是排斥在"文"的范围之外的,因此为《文选》等总集所不取。在佛家文字中这些文体、文风、文学语言、表达技巧上的创获,都为唐代文体革新作了某种准备。唐宋"古文"的成就,特别是议论文字的高水平,与借鉴佛家文字技巧有直接关系。而如慧远、僧肇等人的文章,在散文史上也堪称不可多得的杰作。

　　在诗歌方面,天竺国俗,本重歌咏赞颂,因此佛典中有两种韵文体裁,一种是"伽陀",又称讽颂、孤起,是宣扬教义的独立的韵文;一种是"祇夜",又称重颂、应颂,是在韵散结合的经文中配合散体长行的。佛典中既有前述《佛所行赞》那样的长篇叙事诗,也有简洁如哲理训喻的"法句"。这些汉译的韵文,不仅有独特的铺排、描摹技巧,而且由于是译文,又保持着自由的结构与节奏。另外,它们作为宗教文字,必然富于说理。到了唐宋时期,诗僧们写了大量通俗的佛教说理诗,禅师们写了不少开悟偈、示法偈等。以上这些,都是中国诗坛上的成果。中唐以后诗坛上的通俗化,宋代诗坛以文为诗的诗风的形成,都对这些成果有所借鉴。

　　对于小说的发展,佛教的影响就更为深广。鲁迅先生曾指出,"幽验冥征,释氏之小乘"本是小说"权舆"的一种[1]。谈到六朝志怪,他又说:

---

[1]《古小说钩沉序》,《鲁迅全集》第十卷,人民文学出版社,1981年,第3页。

　　中国本信巫,秦汉以来,神仙之说盛行,汉末又大畅巫风,
而鬼道愈炽;会小乘佛教亦入中土,渐见流传。凡此,皆张皇
鬼神,称道灵异,故自晋讫隋,特多鬼神志怪之书。[1]

自晋干宝《搜神记》以下,六朝志怪小说中多利用佛教题材、人物,
以至如《续齐谐记》中阳羡书生条蜕化自《旧杂譬喻经》梵志作术故
事。六朝时期更有许多宣传感应、报应的"释氏辅教之书",如谢敷
《观世音应验记》、刘义庆《宣验记》等。唐传奇与宋话本是"立意为
小说"的成熟的艺术创作,但谈祸福以寓惩劝的内容也不少,也常
利用轮回报应之类的情节。明清长篇小说多从不同侧面接受佛教
思想影响:如《红楼梦》渗透着宗教忏悔色彩与虚无"色空"观念;
《西游记》则利用了宗教题材;历史小说《三国演义》、《水浒传》也有
佛教观念的痕迹。在小说的艺术表现方面,佛典的幻想、夸张的因
素带来了新的技巧与写作方法。从题材看,佛教超三世、通阴阳的
观念扩大了小说的表现面,从六朝小说到后来的《包公案》等公案
小说,有很多地狱、冥界、冤魂等描写;佛教观念中的鬼魂、菩萨、天
龙八部众等都进入了小说。从结构上,佛教的因缘、报应观念往往
成为小说结构发展的动因。中国小说传统的"善有善报、恶有恶
报"的"大团圆"结构,与佛教业报观念是相一致的。从具体表现技
巧看,佛教给中国小说带来了神变、幻化、转生、离魂等非现实的情
节,例如《西游记》中孙悟空的许多变化情节即借鉴自《贤愚经》等
佛经。

　　在戏剧方面,中国戏剧的主题、题材、情节、人物、表现技巧多
借自佛教经典,与小说相似。其中如自宋代就在民间流传极广的
目连救母戏,取材自佛教,不过情节中国化了,观念上则把佛教的
报应与中国的孝道相结合。元、明、清著名戏剧家如马致远、汤显
祖、沈璟、洪升等人的作品中,都不同程度地体现佛教的影响。

_____

[1]《中国小说史略·六朝之鬼神志怪书(上)》,《鲁迅全集》第九卷,第43页。

　　佛教更深刻地影响到中国民间文学。宗教实践主要以民间信仰为基础。六朝时期反映观音灵验、业报轮回的传奇故事，很多就来自民间。到了唐、五代时期，在六朝讲经的基础上，发展起俗讲与变文。俗讲依附一定经文，敷衍为故事，达到宣传效果；而变文则脱离了经文来演说佛教的以及历史的、现实的情节，并采取了韵散结合的说唱形式。这是一种全新的民间文学体裁。以后的宝卷、弹词都在它的影响下发展起来。另外，六朝以来，宣传佛教的民间谣曲和通俗诗也很流行。中国佛教的传播，得力于这些民间口头创作不少。一般的俗僧向民众宣传主要是依靠这些材料。在民众佛教里，精致而又繁琐的义理没有市场，低俗的迷信通过各种形式，包括文学艺术形式，被广泛加以宣扬。

　　综上所述，佛教对中国文学的影响是十分巨大而复杂的。批判地总结与分析这方面的成果，是深入和开阔古典文学研究的一个重要课题。

六　中国佛教美术

　　佛教又被称为"像教"。偶像崇拜乃是这一宗教的突出特征之一。随着塔寺、形像的创制，形成了丰富、优美的佛教艺术。在中国，佛教美术是美术史上的宝贵遗产，也是中外艺术交流的果实。

　　佛陀在世时，教团中还不存在对造型形像的崇拜。随着后代对佛陀的神化，约在公元前3世纪，才出现了表现佛陀的象征物如圣树、法轮、佛足迹等的浮雕。在原鹿野苑遗址出土的阿育王断残石柱上有一四狮柱头的石雕，顶端就是一个法轮，这个图形即现印度国徽图案。当时人认为直接表现佛陀是大不敬。现存直接表现佛陀形象的实物是孔雀王朝刻于佛塔、石柱等处的佛及本生故事浮雕。到了大乘佛教兴起,表现佛陀相好庄严的形象的佛像才大量出现。关于佛像起源的地域,是在印度本土还是在中亚,学术界迄今尚无定论。但中亚犍陀罗(今巴基斯坦白沙瓦及阿富汗东部一带)一带是佛像兴起地区,则是肯定无疑的。这也是佛教造像直接传入中国的地方。早在公元前4世纪,亚历山大东征时赛留古拥兵自立,势力即曾发展到犍陀罗。希腊人往那里传播了雕刻艺术。2世纪时,大月氏在那里建立贵霜王国,至国王迦腻色伽大力提倡佛教,信奉佛教的人把希腊雕刻与印度艺术相结合,创造出了早期的犍陀罗佛像艺术。佛像遂成为佛教徒作功德与施供养的对象,又起到宗教宣传的作用,很快就流行起来。在小乘有部和大乘经典中,有许多讲到"形像"的作用与功德的经典。

　　佛像传入中国的时间很早,这与中国本来就有偶像崇拜的传统有关。而佛像发达地区又正在佛教传入的必经通路上。《后汉书》上说明帝"遣使天竺问佛道法,遂于中国图画形像焉"[1]。《魏书》上记载白马驮经故事,也说"(蔡)愔又得佛经四十二章及释迦立像,明帝令画工图佛像,置清凉台及显节陵上"[2]。这作为史实或不可信,但却反映了图像传入的实情。楚王刘英把佛与黄、老一起崇奉祭祀,大概也利用了佛像。三国时吴画家曹不兴,曾模写康居国沙门康僧会自交趾带来的佛像,则是确凿有据的事实。后来,许多外来僧侣都携带来佛像,如佛图澄、鸠摩罗什等。魏晋时期,佛画已非常流行,大画家卫协、顾恺之、陆探微、张僧繇都把佛陀当作主要绘画题材。到后来,在北朝石窟中的精美造像与壁画,更显示了佛像艺术的雄厚基础与高超技艺。同时,又有许多天竺或西域画家来华。张彦远《历代名画记》中记载隋文帝时,来华天竺僧昙摩拙义善画;姚最《续画品录》列举外国比丘三人:迦佛陀、吉底俱、

---

①《后汉书》卷一一八《西域传》。
②《魏书》卷一一四《释老志》。

摩罗菩提均来自天竺;迦佛陀有《拂菻图》,姚最说"华戎殊俗,不能定其品,而下笔之妙,颇为京洛所知闻"。中国画家也有到过印度的,如唐代王玄策使印时,有画家宋法智相随,他在印度模写圣颜,带回京都,道俗尽模;王玄策回国后,又曾指挥工匠按印度摩诃菩提寺弥勒图塑像。除了史籍上记述的事例之外,可以设想,应还有许多无名的中、外艺术家交流的例子。

　　早在佛教传入中国以前,中国美术已经发展到极高的水平。在绘画方面,除了历史记载之外,到今天还存有许多帛画、墓葬壁画、画像石、画像砖、漆画等实物。在雕塑方面,早期的如在甘肃礼县高寺头仰韶文化遗址中,已出土了陶塑人像俑。殷周青铜器制作显示了高度的铸造与浮雕水平。而秦始皇陵兵马俑、汉霍去病墓前马踏匈奴石雕,显示了令人惊叹的高超的圆雕艺术。自佛教美术传入中国后,中国人在自己的艺术传统的基础上,汲取外来养料,进行新的艺术创造,实现了中国与外来艺术的第一次大的交融,使中国美术进入自魏晋到唐代这一最为发达昌盛的、富有创造活力的时期。这次成功的艺术交流与后来清代耶稣会教士郎世宁、艾启蒙等传入西方油画技法形成对比。清代传入的西方技法,没有很好地消化并与民族传统结合,虽然有焦秉真、唐岱等少数人模仿,但影响较小,且主要流传于宫廷中。

　　佛教与佛教艺术对中国美术的影响主要在以下几个方面:

　　一是创作内容与题材扩大了。主要是与佛教有关的题材大量进入中国美术创作之中。如前所述,魏、晋以后,佛像已进入画家创作题材之中。在现存北朝壁画中,描绘了许多佛(包括阿弥陀佛、药师如来等报身佛)、佛弟子、菩萨、护法天神像,还有许多佛传、佛本生及经变,如太子出游四门、萨埵太子舍身饲虎、尸毗王割肉贸鸽以及须大拏太子乐善好施故事,并有一些供养人像。但这一时期输入佛教题材,还是较简单的移植。到了唐代,佛教艺术与中国艺术在交流中更紧密地融合起来,特别是唐以后吐蕃占领了天山南、北路,外来艺术的输入断绝,佛教绘画也进一步中国化了。题材上经变的内容扩大了。"变"即变相,即用形象来表现佛经故事。这一时期,西方净土变、东方药师净土变、弥勒净土变成为常见的题材。而这些净土的描绘,不是超尘脱俗的彼岸世界,而是金玉楼台,歌舞丝竹,花团锦簇,完全是当时贵族享乐生活的缩影。佛与菩萨的形象,也不再是早期肃穆悲哀的面容,而是丰腴饱满、端庄秀美。例如传为吴道子的《天王送子图》,描写佛陀降生以后,父净饭王和母摩耶夫人抱着他去朝拜大自在天神庙,诸神对之礼拜故事。其中的净饭王夫妇是唐代贵族形象,而武将则与出土唐武士俑相似。就是供养人的形象也有很大变化,不只形象更加丰满,并且不再像早期壁画被局促表现于画幅一角,而往往与菩萨并排竖立。在雕塑方面,早期造像保持着明显的犍陀罗风格,服饰大都是印度式造型:宽肩窄身,衣纹富丽、线条质感强,高髻,有胸饰,面容高鼻深目、端庄健美。而到了唐代,线刻与圆雕结合得更为纯熟,形象也更为中国化了。佛陀被表现为慈祥睿智的人物。例如常见的卧佛即涅槃像,是宁静安睡的形象,表情欣慰慈祥,而不像西方十字架上的耶稣或苏格拉底之死那种悲剧性的形象。这反映了当时人的审美感情。唐人所塑的菩萨,柔美娇媚,端庄秀丽,有所谓"菩萨似宫娃"之说,表现了对人生的肯定与赞美。这样,在中国艺术家的手下,佛教的题材被改造了,赋予了新的思想内涵与审美价值。除了人物形象之外,在装饰美术方面,如莲花纹、缠枝忍冬纹、火焰纹、宝瓶、宝相图样等佛教艺术图案被广泛运用,也丰富与发展了中国的装饰艺术。

二是艺术形式与技法发展了。壁画是中国传统艺术形式,历史记载楚国有九歌壁画,现仍存有汉墓壁画,先民壁画亦续有发现。但随着佛教美术传入,壁画艺术有很大发展变化。在印度石刻的本生故事中已有利用几个画面表现情节的构图,中国壁画广泛采取了这种形式。石窟寺的殿堂式石室为壁画创作提供了广阔空间。到了唐代，更有配合变文的连环画式的壁画出现。又如版画，据考早在汉代中国已有木刻画，但其大量实用是在唐代，主要用于刻印经像。我国最早的印刷品实物之———唐咸通年间所刻《金刚经》，现藏大英博物馆。从唐末到宋代，版画大量用于印制佛像和佛经册页。直到明、清，版画大发展，印刷佛教宣传品起了很大推动作用。在发达的塑像艺术基础上，又形成了制作夹纻佛像技艺。这种新的塑像方法，后又传入日本等国。在表现技法方面，中国古代传统画法，以线条为主要表现手段，敷彩采用平涂绘法；而印度和西域图画则重视色彩的晕染，利用色彩的浓淡，创造出立体感。敦煌莫高窟早期水粉壁画，以浓重的色彩造成强烈对比效果，创造出鲜活生动的境界，多保持西域画风。从南北朝到隋唐，中国传统的线与墨与外来的面与色相互交流，不断出新，改变了中国绘画的画貌。在谢赫所提出的"六法"当中，"随类赋彩"也是一条，说明中国艺术家对色彩已十分重视。至于后来李思训等人创制金碧山水，王洽发展没骨法而用泼墨山水，佛教装饰美术中用金银色加强效果，佛像后加背光、圆光等等，都是在外来影响下的创造。

　　三是美术思想也有所转变。佛教的宗教悬想向中国艺术家敞开了广阔的幻想世界。佛与佛国土的表现实际是现实景象在艺术想象中的升华。现实的表现与幻想的追求促进了重视神韵理论的形成。六朝以后画论中多讲神韵。谢赫"六法"中"气韵生动"为首要一项。大画家顾恺之也强调"传神"。而宋宗炳在《画山水序》中提出"山水以形媚道"，即认为画山水应以形象表现形而上的精神的"道"。唐代画家王维是禅宗信徒，禅思想影响到他的绘画。他的作品重视写意，表达上追求涵蓄、淡远。他的影响及于后人，形成文人画的一派。宋代的董源、巨然、李成、范宽及元黄公望、王蒙、吴镇、倪瓒四大家也走大致相同的路子。到了明末，董其昌创立南、北宗之说，以禅喻画，肯定王维一派文人画为"南宗"，而与当时院画重形似、求富艳的"北宗"画风相对立。这都在一定程度上受到佛教思想的影响。

在中国美术家创作中,唐代以前佛教的直接影响比较普遍。宋代以后,外来的艺术滋养已没有了源头,对早期佛教艺术的消化、吸收工作亦已完成,石窟、造像的建设已近尾声,加之山水花鸟题材成了中国画的主流,佛教美术也就没有特别突出成绩可言了。

以下介绍几位著名画家。

三国时吴国曹不兴是最早接受西域影响的知名画家,谢赫评论他"观其风骨,名岂虚成"①。其弟子卫协被尊为"画圣",后人评论其佛画冠绝六朝。东晋有戴逵(326?—396?),十几岁就在瓦棺寺作画,绘塑过不少佛像,他与下面介绍的顾恺之一样,重视中国艺术形神兼备的传统。顾恺之(344—405)是东晋最优秀的画家,年轻时曾在瓦棺寺画维摩诘像,流传后世,杜甫后来看到还称赞"虎头金粟影,神妙独难忘"②,可见其留给人艺术印象之深刻。他表现维摩诘"清羸示病"、"隐机玄言"的神态,体现了佛教思想与魏晋玄风的结合。

到了齐梁时代,外来画风进一步影响画坛。张僧繇活跃在梁武帝时,梁武帝装饰塔庙壁画,多他所为。他画过卢舍那佛、宝光如来、菩萨、维摩诘等,技艺超越群工。他利用天竺遗法,创造了凹凸法(用朱及青绿晕染,远视凹凸,近看乃平)和没骨皴(不用轮廓线,全用色彩),使人物形象更见丰腴。在他稍后的北朝画家曹仲达,本曹国人,也以凹凸法而著名,画佛像以"曹衣出水"著称,是说佛像服装保持印度"其体稠叠,而衣服紧窄"的风格。后人把他与吴道子的"吴带当风"对举。他与张僧繇和后来的吴道子、周昉并称为"佛画四大家"。

---

① 《古画品录》。
② 《送许八拾遗归江宁……》,《杜少陵集详注》卷六。

唐代画家尉迟乙僧本是西域于阗国人。其父尉迟跋质那亦善画，隋代入宦中原。乙僧在太宗朝任宿尉，封郡公，受到当朝统治者重视。他的绘画是中原与西域艺术结合的典型。他创作了大量壁画，其中佛画以经变、菩萨、供养人像为主要题材。他所画人物，朱景玄评论说：

> 凡画功德、人物、花鸟，皆是外国之物象，非中华之威仪。①

他的人物造型明显具有西域风格。而且他的画风也奇险变怪，保持了西域佛画富于幻想的特点。例如他画的《降魔变》，是描绘佛陀成道前六年苦行时与魔王波旬斗争的故事，"四壁画像及脱皮白骨，匠意极险，又变形三魔女，身若出壁"②。在具体技巧上，他把西域的彩色晕染与中国的线形勾勒相结合，用笔洒落，富于创意。他的作品气魄雄伟、色彩灿烂，在唐代独树一格，对后代和外国如朝鲜的绘画都有影响。

吴道子是唐代绘画艺术的集大成者。他的佛教壁画代表了他艺术上的主要成就。他的艺术产生自中国的传统，又更为世俗化，因此宗教画在他的手下真正中国化了。他在荐福寺西塔院壁上画菩萨，以自己为原型。后来韩干在佛教壁画中为"妓小小写贞"正是继承了这种传统。他的创作风格是"落笔雄劲，而赋彩简淡"③，行笔磊落、圆熟，把线形艺术发展到了高峰。苏轼形容他"当其落笔风雨快，笔所未到气已吞"④，绘画有极大的艺术感染力。据说他"白画"《地狱变》，即专用水墨，笔力劲怒，变状险怪，使渔夫屠者都畏罪改业。以后中晚唐宗教壁画兴盛，许多画家沿袭吴道子风格。

唐代禅宗发达，出现了一批艺僧。其中绘画方面成就杰出的

①《唐朝名画录》。
②段成式《酉阳杂俎续集》卷六《寺塔记下》。
③郭若虚《图画见闻志》。
④《凤翔八观·王维吴道子画》，《东坡集》卷一。

有贯休。他的罗汉像奇险瘦硬，颇能表现人物桀傲不平的抑郁之气。

宋代以后，佛画创作成绩不如以前，但仍有一些成绩。宋太宗时装修汴京大相国寺，著名画家高益等参加了壁画制作。在北宋著名画家李公麟创作中，观音、罗汉也是重要题材。他画的这些人物都温文尔雅如士大夫。元代以后，文人画就少有以佛教为题材的了，寺庙装饰已成为众工之事。但在民间版画、年画中，仍保持着绘制佛画传统，不乏精品。

明末画坛上有"四高僧"，即石涛、八大山人、石豀、弘仁。在明清之际时事遽变惨祸中，不少画家遁入空门，这四人是其中佼佼者。石涛是明宗室，青年时ەی遇亡国之痛，避乱为僧，浪迹大江南北；八大山人朱耷也是明皇室后裔，不愿向新朝屈膝，作过和尚，又作道人，过恃狂避世生活；释弘仁俗名江舫，曾参与明末唐王在福建的斗争，后在武夷山削发为僧；石豀是释髡残号，明亡避乱常德桃花源，后出家为僧。这些人实际上都是有志于世事的人，因政治原因而遁入空门。他们作品的题材与主题关于佛教的很少，但禅宗纯任心性、不随流俗的精神在创作中都有明显的表现。他们以笔墨逸情来表达自己的心性，与李贽、袁宏道等人的诗文精神是相通的。他们在创作中以神韵取胜，用笔纵横奔放，豪逸不拘，体现了他们的思想品格。

在近代民间美术里，如在民间版画、年画、泥塑以及瓷、竹、木等工艺创作之中，佛教题材的作品不少。它们在一定程度上保存了古代佛教美术传统。

七　中国石窟和塔寺建筑

中国石窟和塔寺建筑，是中国建筑史上的伟大成就。它们也是随着佛教的输入，在外来建筑艺术影响之下发挥中国民族建筑艺术传统的创造成果。

石窟在印度本是所谓"仙人住处"，即隐居修行之处；后来佛教僧侣也加以利用。有两种形制：一种是"制底"式，汉语意译为塔庙或舍利殿，全窟为马蹄形，前列石柱，后有覆钵形舍利塔，是佛徒礼拜的地方；另一种是"毗诃罗"式，汉语意译为精舍、僧房，呈方形，四壁有许多容身的小窟，是僧侣修行居住的处所。中国的石窟建筑方式，原是从西域传来，但在发展中结合了中国自身的宫室建筑传统，形成为中国建筑艺术的一部分。

中国的石窟分布非常广泛。西起新疆，东到辽宁，北自内蒙古，南至浙江，共有一百二十余处。以北方的规模为大，发展亦盛，著名的有敦煌莫高窟、大同云冈石窟及洛阳龙门、麦积山、炳灵寺、榆林、大足、响堂山等石窟。石窟中有雕塑和壁画，每一处实际都是一座综合性的艺术宝库。

现存中国最早的石窟是 4 世纪开凿的。石窟建筑受到地理条件的限制。早期石窟有些保持着印度原来的圆形圆顶形式，如开凿于北魏的云冈昙曜五窟；到东、西魏发展为四方四佛的方形石窟；再以后到北齐、北周则出现了三壁三龛的方形平顶窟；到了唐代，则只开凿大佛龛，前面是木建宫殿式建筑，这已把石窟和中国式的木结构轩廊相结合，是典型的中印合璧式。在石质坚硬地区，窟内雕刻造像，如云冈、龙门；而在不宜雕刻的地区，则制作彩塑和壁画，如莫高窟。

莫高窟是中国最著名的石窟群，位于敦煌东南二十五公里的鸣沙山。相传是乐尊和尚于前秦建元二年（366）开创建造，实存最古老者是北凉时期（5 世纪初）的。曾有过直到元代的千余窟，今存有彩塑和壁画的洞窟七百余个，其中有壁画四万五千余平方米，大小彩塑二千四百余身。这庞大的石窟群元代后已淹埋，虽然清康熙以后陆续有人注意到此处文物，但直到清光绪二十六年

（1900）藏经洞被发现，同时出土大量古写本经卷文书及文物方引起世人关注。写本中以佛典居多，但亦有不少外典及历史、文学和官文书等，计四万余件。这些文书涉及到科学研究的广阔领域，被国内外学术界所重视。敦煌学目前已成为国际人文社会科学的"显学"。利用敦煌文献的成果，使众多学科的研究改变了面貌。

　　云冈石窟位于山西大同西郊十六公里处的武周山，开凿于北魏文成帝和平元年（460）。主要石窟完成于北魏孝文帝太和十八年（494）迁都洛阳以前。主体部分现存大型窟五十三个，内有佛、菩萨及飞天等造像五万一千余尊，最高的达十七米。这是早期石窟，保持着典型的印度和犍陀罗风格。

　　龙门石窟位于洛阳市南伊水岸边的龙门山和香山，开凿于北魏太和十八年，工程相延到清末。现存窟一千三百五十二个，龛七百九十五个，造像九万七千余尊，碑刻题记三千八百六十品，佛塔四十余座。著名的奉先寺卢舍那大佛是中国石雕艺术的瑰宝。从这里可以看到中国美术各时期风格的变化。特别是唐代造像刀法圆熟精致，人物表情生动，显示了外来艺术中国化的成就。

　　塔是佛教纪念物，音译为窣堵波或浮图，原是用来掩藏舍利和经卷的。印度的塔取四方座基或半圆的覆钵形。传到中国，与中国楼台建筑形制相结合，形成中国样式的佛塔。后来有些中国塔可以登眺，并兼有景观之美。据传后汉时丹阳郡人笮融大起浮图，上累金盘，下为重楼，堂阁周回，可容三千许人①。可知建塔在中国是很早的事。北魏时境内佛寺三万多所，洛阳一地即一千三百余所，杨衒之形容说：

　　　　昭提栉比，宝塔骈罗，争写天上之姿，竞模山中之影。金刹与灵台比高，广殿共阿房等壮，岂直木衣绨绣、土被朱紫而

①《后汉书·陶谦传》。

　　已哉！①

　　其中如阊阖门永宁寺九级浮图，即是木结构楼阁式塔，穷极壮丽。现存中国最古老的塔，是河南登封市嵩山南麓北魏正光年间（520—525）所建十二角十五层密檐式砖塔。现存中国最古老的石塔是山东济南东南青龙山南麓隋大业九年（611）所建高十五米单层方形石塔四门塔。中国塔有楼阁式、密檐式、金刚宝座式、窣堵波式、墓塔式等多种形制，所用材料则木、砖、石、铜、铁等不一。

　　典型的中国塔是楼阁式和密檐式塔。现在留存的唐楼阁式塔多是四方形砖结构，如始建于唐永徽年间（650—655）的西安慈恩寺大雁塔和建于唐总章年间（668—670）的兴教寺玄奘墓塔。10世纪起，八角塔开始流行。建于辽清宁二年（1056）的应县木塔八角五层六檐，高六十七米；建于北宋崇宁四年（1105）的济宁铁塔，八角九级，高二十三点八米；还有河北涿州市辽代双塔等。唐代密檐式塔中著名的有唐景龙年间（707—710）始建的西安荐福寺小雁塔。山西五台山佛光寺后的墓塔是窣堵波式塔。明永乐年间（1403—1424）建北京西直门外真觉寺塔和清雍正年间建内蒙古呼和浩特五塔寺塔则是密教金刚宝座式。以上只是代表不同形制的名塔。佛塔遍布大江南北，山巅水涯，是佛教历史的遗迹，也是建筑史上的遗产。

　　中国寺院建筑也同样古老。它起源于印度的精舍，本是僧众供佛和聚居修行之处。在中国发展为殿宇式建筑，并用了表示官署名称的"寺"字。塔寺建筑是佛教重要功德，历史上人力财力靡费甚巨。北朝重修持实践，开石窟、建塔寺流行。早期寺院布局，是以塔为中心，前有门，门内建塔，塔前有礼佛处。后来塔与寺分开，另立塔院。再以后，多进院落的殿堂式寺院形成，这已完全是中国式的建筑了。佛寺的发展，与寺院经济的发达有关。寺院是

————————

① 《洛阳伽蓝记序》。

寺产的一部分，是僧侣地主阶层活动的中心。前述北魏时佛寺遍寰宇；南朝梁都下佛寺五百余所，所以杜牧诗有"南朝四百八十寺"的说法。隋唐以后，宗派佛教成立，一个寺院往往属于特定宗派；在当时，宗派传继与寺产继承的经济利益是直接相关的。

相传中国最古老的寺院是洛阳东十二公里处的白马寺，传为东汉明帝永平求法时所建。白马传经之说虽不可信，但这所寺院确是相当古老的。据说原来的形制是模仿印度祇园精舍的，屡建屡毁，现存建筑是明、清时代的。只寺东一密檐式塔名齐云塔为金代遗物。

目前保留的最古老的寺庙建筑是五台山南禅寺正殿与佛光寺东大殿。前者建于唐德宗建中三年（782），正方形，单檐歇山顶，内有彩塑十七尊；后者建于宣宗大中十一年（857），宽七米，深四间，单檐殿无顶，内有彩塑菩萨三十五尊和出资建筑的愿诚和尚和女弟子宁公遇塑像等文物。

浙江宁波西十五公里灵山上的保国寺始建于唐，现遗留有宋大中祥符年间（1008—1016）所建大殿为主体的建筑，是江南最古老的木结构建筑物。

位于北京房山区云居山的云居寺以所藏石经经版著名。隋、唐之际，有幽州沙门静琬为准备"末法"①到来而开始刻藏石经，到清康熙年间延续千余年，刻经千余部，经石一万四千余块，分藏石洞与地穴之中。现石经山上保存唐代方形石塔八座、辽代砖塔一座。

河北正定龙兴寺始建于隋，宋太祖开宝四年（971）敕命重修，现仍保存宋代风格。庙内摩尼殿、转轮藏殿、天王殿均为宋代建筑。三十三米高的大悲阁内有宋代所铸高达二十二米的千手千眼观音铜像。

---

①佛教认为释迦灭度后佛法日衰，分正、像、末三法时期，末法时佛法将灭。

广州光孝寺始建于三国时期,现保存有建于南宋的六祖殿和大雄宝殿,并留有五代南汉所铸铁塔二座。该寺表现了中国南方建筑风格。

天津蓟州区独乐寺始建于唐。现存建筑为辽圣宗统和二年(984)重建。观音阁高二十三米,阔五间,深四间,三层,歇山顶,是我国最古老的木结构高层楼阁建筑。阁内有高十六米的泥塑观音像及古代壁画等。

山西大同城内善化寺始建于唐。今存大雄宝殿是辽代建筑,山门、三圣殿、普贤阁是金代建筑。大雄宝殿内有五方佛及二十四诸天塑像,为金代彩塑。又城内华严寺也是辽、金木构建筑,分上寺、下寺两个建筑群,也存有彩塑。

山西洪洞县东北霍山南麓有广胜寺,始建于唐。现在遗存的主要建筑为元代遗物,分上寺、下寺、水神庙三处。上寺弥勒殿原存著名的金皇统年间(1141—1149)所刻《大藏经》,俗称《赵城金藏》,抗战时期由八路军保护转移,现存国家图书馆。水神庙是奉祀水神明应王的,元仁宗延祐六年(1319)建,殿内保留大幅壁画,描绘当时杂剧表演等生活场景,有重大历史与艺术价值。

杭州灵隐寺始建于东晋,屡建屡毁,目前的建筑是明、清时代的。但大雄宝殿前的两座八面九层石塔和天王殿前的两座石经幢是五代时吴越国遗物。又寺前飞来峰有许多石窟,存宋、元以来造像、碑刻甚多。

以上介绍的,是保留有古建筑遗迹的古寺院。中国寺院著名的还有:天台宗发祥地天台山国清寺、净土宗发祥地山西交城玄中寺、三论宗发祥地南京摄山栖霞寺、慈恩宗发祥地西安慈恩寺、传为禅宗发祥地河南嵩山少林寺和禅宗六祖所住广东曲江曹溪南华寺等。又有所谓中国佛教圣地的"四大道场",即山西五台山文殊师利道场、浙江普陀山观音道场、四川峨眉山普贤道场、安徽九华山地藏菩萨道场。这四大名山传承古老,上有寺院众多。以上所述寺院虽历史悠久,后屡有兴废,今天的建筑都是明、清以至晚近的了。

在西藏、青海等地,还有一批藏传佛教的著名寺院。这些寺院多是藏式建筑而融入了中原风格,显示了各民族历史上建筑艺术的交流。最著名的是布达拉宫,7世纪时吐蕃赞普松赞干布与唐联姻,迎娶文成公主,始建宫室。后来屡有筑修,形成一个有宫殿、佛堂、经堂、僧舍、灵塔的巨大建筑群。整个建筑高十三层,有房屋近万间,内藏大量珍贵文物。自五世达赖起,这里就成为达赖活动的中心。拉萨的大昭寺、小昭寺也建于唐代,藏式为主而兼具唐风。大昭寺前立有著名的唐长庆三年(823)《唐蕃会盟碑》。小昭寺原藏有文成公主入藏时携入的释迦像,后该像移至大昭寺。两寺内壁画、彩塑和文物甚多。建于明代的甘丹寺(达孜区境内)、色拉寺、哲蚌寺是格鲁派的拉萨三大寺,均为藏式建筑,华丽雄伟,其中亦保存有大量宗教艺术杰作。同是建于明代的日喀则札什伦布寺,是格鲁派的第四大寺院,自清初起一直是班禅活动中心。其中有高二十六米大铜佛为世界最大铜佛。又青海湟中县塔尔寺、甘肃夏河县拉卜楞寺也是格鲁派大寺。以上统称"六大寺"。

在内地的藏传佛教重要寺院有北京雍和宫和承德外八庙。雍和宫为清代所建,建筑物基本是内地样式,装饰艺术则融入西藏风格。内有二十六米旃檀木弥勒像为稀世珍品。外八庙也是清代建筑,现存七座,当初是为接待各族宗教领袖与王公入觐而建,建筑、塑像、壁画融合了汉、藏、蒙等各族风格。

以上,简要介绍了佛教影响于中国学术文化几个领域的概况,其他方面从略。从简括的介绍可以知道,佛教在中国文化众多方面都有丰富而重大的建树,作为历史遗留的文化财富是弥足珍贵,值得研究、继承和借鉴的。

附　录

一　佛教大事简表

公元纪元	历史大事	印度、斯里兰卡及南传佛教史事	中国佛教史事	朝鲜、日本及北传佛教史事
前 2000	印度次大陆吠陀文明形成（前1800—前1000）			
前 500	东周（前770—前256；"春秋"前770—前476；"战国"前475—前221） 老子（春秋末） 孔子（前551—前479） 墨子（前468?—前376?）	十六大国繁荣时代（前600） 释迦牟尼（前565?—前486?） 第一次（王舍城）结集（前383?） 第二次（毗舍离）结集（前283），部派佛教形成		

（续表）

公元纪元	历史大事	印度、斯里兰卡及南传佛教史事	中国佛教史事	朝鲜、日本及北传佛教史事
	孟子（前 372—前 289）			
	庄子（前 369? —前 286?）	阿育王（前 304? —前 232? 在位)弘法		
		第三次（华氏城）结集（前 244?）上座部佛教传入锡兰（前 247）		
	秦（前 221—前207）秦始皇命方士东浮海求仙药（前 210）			
前 200	西汉（前 206—25）			
		巴利文佛典开始形成（前 1 世纪）	大月氏使者口授浮屠经	
0	东汉（25—220）	大乘佛教形成（纪元前后）	佛教传入中国本土（公元前 2年）	
		第四次（迦湿弥罗）结集（公元 2世纪）	相传迦摄摩腾、竺法兰来华（67）	
		犍陀罗佛教美术繁荣（1 世纪）		
	道教形成（东汉末）黄巾起义（184）	龙树及大乘中观学派（2—3 世纪）	安世高译经（2世纪后半）	

公元 纪元	历史大事	印度、斯里兰卡 及南传佛教史事	中国佛教 史事	朝鲜、日本及 北传佛教史事
200	三国（220—280） 西晋（265—316） 东晋（317—420） 玄学流行（魏晋） 葛洪（283—343?）	南印佛教美术兴盛（3世纪）	朱士行西行求法（260） 竺法护（3世纪后半—4世纪初） 佛图澄（232—348） 道安（314—385） 慧远（334—416）	佛教自前秦传入高句丽（372）
400	魏（386—534） 寇谦之（365—448）清整道教 宋（420—479） 陆修静（406—477）编辑早期《道藏》 齐（479—502） 范缜（450—510?） 倡"神灭论"（489） 梁（502—557） 东魏、北齐（534—577）	无著、世亲及大乘瑜伽行派（4、5世纪） 上座部佛教传入缅甸（5世纪） 那烂陀寺建立（440） 大乘中观、瑜伽行二派分立（500?） 佛教传入柬埔寨（5、6世纪）	法显西行求法（399—412） 鸠摩罗什来华译经（401—413） 僧肇（384—414） 僧祐（445—518） 魏武废佛（446） 昙鸾（476—542） 住玄中寺唱净土法门 菩提达摩来华（520?—535?）	佛教自百济传入日本（552）

（续表）

公元纪元	历史大事	印度、斯里兰卡及南传佛教史事	中国佛教史事	朝鲜、日本及北传佛教史事
600	西魏、北周（535—581） 穆罕默德（570?—632） 隋（581—618） 唐（618—907） 基督教聂斯托里派（景教）传入中国 唐太宗奉老子李耳为皇祖 唐高宗诏封老子为太上玄元皇帝（666）	密教兴起（7世纪）	周武废佛（506） 智颉（538—597）创天台宗 玄奘（600?—664）西行求法（627—645）并创慈恩宗 道宣（596—667）创律宗（南山宗） 佛教传入西藏（7世纪） 上座部佛教由缅甸传入傣族地区（7世纪） 弘忍（601—674）在黄梅弘扬禅法 法藏（643—712）创华严宗	日本推古朝（593—628）圣德太子（574—622）崇佛

公元纪元	历史大事	印度、斯里兰卡及南传佛教史事	中国佛教史事	朝鲜、日本及北传佛教史事
800	安史之乱（755—763） 韩愈（768—824）等倡导儒学复古 黄巢起义（875—883） 五代十国（917—960） 北宋（960—1127）	禅法传入越南（820）	慧能（638—713）和神会（684—758）创南宗禅 义净（635—713）取海路西行求法（671—695） 善无畏（637—735）、金刚智（669—741）不空（705—774）来华建立密宗 西藏达朗玛禁佛（842），藏传佛教前弘期结束 唐武宗废佛（845） 禅宗五家七宗（唐末—北宋） 后周世宗废佛（955） 《开宝藏》开雕（971）	鉴真（688—763）东渡到日本(754)传律宗 日僧最澄(767—822)、空海(774—835)到中国求法（804—806），分别传天台宗、真言宗 日僧圆仁(793—864)到中国求法巡礼(838—847)

（续表）

公元纪元	历史大事	印度、斯里兰卡及南传佛教史事	中国佛教史事	朝鲜、日本及北传佛教史事
1000	张君房编《大宋天宫宝藏》(1019) 王安石(1021—1086) 基督教分裂为天主教与东正教(1054) 白莲教创立(12世纪中)	柬埔寨、越南佛教大兴(11世纪) 伊斯兰教徒征服东印(1197),佛教在印度本土消灭(1203)	藏传佛教后弘期开始(978) 阿底峡(982—1054)	 日僧源空(1133—1212)传净土宗
1200	朱熹(1130—1200)发展理学 教皇发动十字军东征(1209) 元代(1206—1368)约翰·孟高维诺到中国传天主教(1289) 欧洲文艺复兴运动(14—16世纪)	锡兰佛教第七次结集(12世纪) 泰国崇奉上座部佛教(13世纪) 上座部佛教传入老挝(14世纪中)	 藏传佛教传入蒙古族(13世纪) 八思巴(1235—1280)被元世祖尊为国师(1260) 藏传佛教(喇嘛教)受朝廷加护(元) 蒙文大藏经在西藏雕造(1297—1037) 藏文大藏经开雕(1313)	日僧荣西(1141—1215)传临济宗 日僧道元(1200—1253)传曹洞宗 日僧日莲(1222—1282)创日莲宗

（续表）

公元纪元	历史大事	印度、斯里兰卡及南传佛教史事	中国佛教史事	朝鲜、日本及北传佛教史事
1500	明(1368—1644)《正统道藏》刊印(1445) 马丁·路德(1483—1546)倡导宗教改革 利玛窦(1552—1610)来华传天主教 清(1644—1911)		宗喀巴(1357—1419)创立格鲁派 达赖传世制度建立(1578) 班禅传世制度建立(1645) 藏文大藏经北京版完成(1680) 《龙藏》开雕(1735) 满文大藏经完成(1790)	日本德川幕府推行寺社制度(1635)
1900	洪秀全创立拜上帝会(1843) 中华民国成立(1911) 中华全国道教总会成立(1913)	印度本土恢复佛教(19世纪)	近代佛学研究兴起(十九世纪末) 中华佛教总会成立(1912)	日本废佛毁释(1864)

二 佛教要籍简目

中国佛教协会编:《中国佛教》(第一辑),知识出版社,1980年版。
中国佛教协会编:《中国佛教》(第二辑),知识出版社,1982年版。
中国佛教协会编:《中国佛教》(第三辑),知识出版社,1989年版。
中国佛教协会编:《中国佛教》(第四辑),知识出版社,1989年版。
熊十力:《佛家名相通释》,中国大百科全书出版社,1985年版。
胡适编校:《神会和尚遗集》,台北胡适纪念馆,1982年版。
陈垣:《中国佛教史籍概论》,中华书局,1962年版。
吕澂:《中国佛学源流略讲》,中华书局,1979年版。
吕澂:《印度佛学源流略讲》,上海人民出版社,1979年版。
任继愈主编:《中国佛教史》(第一、二、三卷),中国社会科学出版
　社,1981、1985、1988年版。
汤用彤:《汉魏两晋南北朝佛教史》(上、下册),中华书局,1983
　年版。
汤用彤:《隋唐佛教史稿》,中华书局,1982年版。
任继愈:《汉唐佛教思想论集》,人民出版社,1973年版。
方立天:《魏晋南北朝佛教论丛》,中华书局,1982年版。
渥德尔:《印度佛教史》,商务印书馆,1987年版。

《魏书·释老志》
僧祐:《出三藏记集》
慧皎:《高僧传》
道宣:《续高僧传》
赞宁:《宋高僧传》

静、筠二法师:《祖堂集》

道原:《景德传灯录》

僧祐编:《弘明集》

道宣编:《广弘明集》

求那跋陀罗译:《杂阿含经》

鸠摩罗什译:《金刚般若波罗蜜经》

鸠摩罗什译:《妙法莲华经》

鸠摩罗什译:《维摩诘所说经》

龙树著、鸠摩罗什译:《大智度论》

龙树著、青目注、鸠摩罗什译:《中论》

题马鸣著、真谛译:《大乘起信论》

护法等著、玄奘译:《成唯识论》

护法等著、玄奘译:《瑜伽师地论》

石峻主编:《中国佛教思想资料选编》(第一卷,第二卷四册,第三卷
　　四册),中华书局,1981—1990年。

2000 年再版说明

　　本书原名《中国佛教文化序说》（1990 年出版），是南开大学中文系《佛学概论》课程的授课提纲。根据授课要求，主要内容是介绍有关佛教，特别是佛教在中国文化发展中的作用和影响的一些基本知识。由于目前还缺少这一类简要地介绍佛教知识的读物，教学上又有需要，特加修订，予以再版。本书出版近十年来，我国的佛教研究有了长足进展，对佛教、佛教文化的认识也有所变化。由于水平和时间所限，又因为本书是基础性读物，修订中不可能吸收时贤所有研究成果。这次再版主要是进行文字上和个别资料讹误的校正。其中有些是原来排印上的疏忽，但主要是笔者写作和校对不够严谨造成的。再版之际，加以订正，谨对原版读者表示歉意。

孙昌武

1998 年 7 月 18 日于南开园